025年版 出る順
小企業診断士

FOCUS202

テキスト&WEB問題

6

経営情報システム

はしがき

＜応用力が問われる１次試験＞

近年の１次試験の傾向として、ただ知識を問うのではなく、知識の本質を問う問題が多く出題されており、出題形式が「知識確認型」から「実務思考型」へ変化しています。

その背景として、現在、中小企業庁は中小企業診断士を積極的に活用し、中小企業を支援する動きが出てきているということが挙げられます。厳しい日本経済の中、中小企業は非常に厳しい環境にあります。そのため、中小企業診断士は、いかに知恵を出して問題を解決していくかが求められており、１次試験も単なる暗記、知識詰め込みでは対応が難しい応用問題が出題されるようになってきています。

このような状況の下、従来の知識網羅型のテキストではなく、各科目の重要項目を整理した『出る順中小企業診断士 FOCUSテキスト＆WEB問題』を開発しました。従来のインプット重視のカリキュラムからアウトプットへ比重を置いたことが、幸いにも多くの受験生の方々から好評をいただきました。

また、引き続き独学の受験生や他校の受講生の方々からは「『出る順中小企業診断士 FOCUSテキスト＆WEB問題』が欲しい」という要望をいただいておりましたので、今回、2025年版を発刊することとなりました。

＜本書の使用方法＞

『2025年版 出る順中小企業診断士 FOCUSテキスト＆WEB問題』を有効に活用するために、Web上に本テキスト使用ガイダンスを公開いたします。以下のURLからアクセスいただきますようお願いいたします。また、二次元コードからもアクセスいただけます。

https://www.lec-jp.com/shindanshi/book/member/

2024年６月吉日

株式会社　東京リーガルマインド

ＬＥＣ総合研究所　中小企業診断士試験部

本書の効果的活用法

『FOCUSテキスト＆WEB問題』を効果的に使って学習を進めるために、各テーマごとの基本的な学習の流れを解説いたします。

使い方 STEP 1 要点を捉える

『FOCUSテキスト＆WEB問題』は、まず「テーマの要点」を把握することから始まります。体系図とあわせてテーマの要約を簡潔に説明していますので、セットで理解するようにしてください。

また、学習後の復習や、本試験直前のスピードチェックも、このパートを読み返すだけでよいように設計されています。

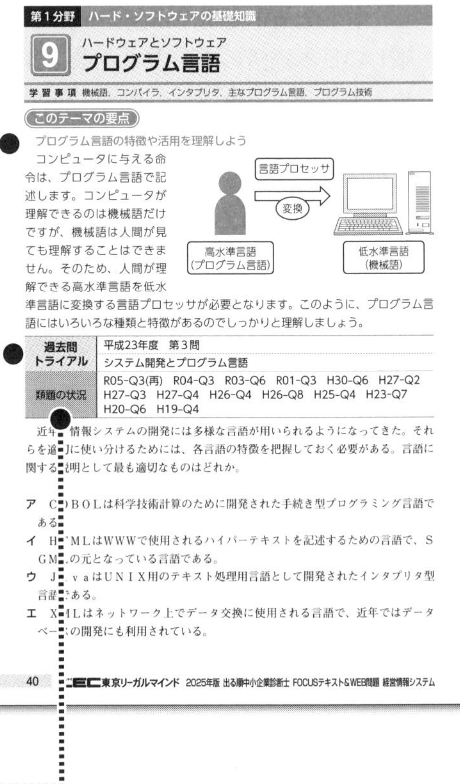

第1分野　ハード・ソフトウェアの基礎知識

9　ハードウェアとソフトウェア　プログラム言語

学習事項　機械語，コンパイラ，インタプリタ，主なプログラム言語，プログラム技術

このテーマの要点

プログラム言語の特徴や活用を理解しよう

コンピュータに与える命令は、プログラム言語で記述します。コンピュータが理解できるのは機械語だけですが、機械語は人間が見ても理解することはできません。そのため、人間が理解できる高水準言語を低水準言語に変換する言語プロセッサが必要となります。このように、プログラム言語にはいろいろな種類と特徴があるのでしっかりと理解しましょう。

過去問トライアル	平成23年度　第3問 システム開発とプログラム言語
類題の状況	R05-Q3(再)　R04-Q3　R03-Q6　R01-Q3　H30-Q6　H27-Q2　H27-Q3　H27-Q4　H26-Q4　H26-Q8　H25-Q4　H23-Q7　H20-Q6　H19-Q4

近年、情報システムの開発には多様な言語が用いられるようになってきた。それらを適切に使い分けるためには、各言語の特徴を把握しておく必要がある。言語に関する説明として最も適切なものはどれか。

ア　COBOLは科学技術計算のために開発された手続き型プログラミング言語である。

イ　HTMLはWWWで使用されるハイパーテキストを記述するための言語で、SGMLの元となっている言語である。

ウ　JavaはUNIX用のテキスト処理用言語として開発されたインタプリタ型言語である。

エ　XMLはネットワーク上でデータ交換に使用される言語で、近年ではデータベースの開発にも利用されている。

40　LEC東京リーガルマインド　2025年版 出る順中小企業診断士 FOCUSテキスト&WEB問題 経営情報システム

使い方 STEP 2 過去問に挑戦する

要点をつかんだら、すぐに「過去問トライアル」で基本的な過去問に取り組んでください。問題は初めての方でも取り組みやすいように、最も基本的な過去問題をチョイスしています。

なお、解答は各テーマの最後に記載しています。

＋1 STEP　類題に挑戦する

「過去問トライアル」には、テーマに関連する他の「類題」が示されています。テーを一通り学習したら、類題にチャレンジしましょう！

いつでもどこでもチャレンジできるように、問題と解説はＷＥＢで公開されています二次元コードをスマホで読み取れば、すぐにアクセスできます！

なお、令和５年度（R05-Q○○）の後に「(再)」とあるのは、12月に沖縄で実施さた再試験の問題です。

使い方 STEP

基本知識を学習する

過去問に続いて、テーマに関連する理論や知識が、コンパクトに詰め込まれています。限られたスペースで多くの情報を伝えるために図や表を多く用いて構成されていますので、効率よくインプットすることができます。

9 プログラム言語

1 ハード・ソフトウェアの基礎知識

1 低水準言語と高水準言語

低水準言語とは、コンピュータが直接理解できる機械語とそれに近いアセンブリ言語の総称です。

高水準言語とは、人間が理解しやすい形式で記述するプログラム言語です。

2 言語プロセッサ

言語プロセッサとは、機械語以外のプログラム言語を機械語に変換する機能を持つソフトウェアのことです。言語プロセッサには、以下の３種類があります。

アセンブラ	アセンブラとは、アセンブリ言語で記述されたプログラムを機械語に変換するソフトウェアです。
コンパイラ	コンパイラとは、主に手続き型プログラム言語で記述されたプログラムを機械語に変換するソフトウェアです。
インタプリタ	インタプリタとは、プログラム命令を１文ずつ変換しながら実行するソフトウェアです。

3 主なプログラム言語

【1-9-1 主なプログラム言語一覧】

水準	分類	言語プロセッサ	言語	特徴
低水準	―	―	機械語	２進数表現でコンピュータが唯一理解できる言語
		アセンブラ	アセンブリ（アセンブラ）	機械語の命令を１対１で記号に置き換えた言語
高水準	手続き型	コンパイラ	FORTRAN	科学技術計算に適す
			COBOL	事務処理計算に適す
			C	AT&Tベル研究所にてUNIXのソースプログラム用に開発された
		インタプリタ	BASIC	対話型処理で教育用などに使用される。現在では、VB（Visual Basic）が後継となっている
	オブジェクト指向型	コンパイラ	C++	Cをオブジェクト指向に進化させた
		コンパイラ インタプリタ	Java	C++をもとにサン・マイクロシステムズ社が開発 大規模システムで利用される

ＥＢ系言語の応用

で使用されるプログラム技術を詳しく見ていきます。

ＣＳＳ（カスケーディングスタイルシート）とは、ＨＴＭＬで記述するデザイン部分を別切り出しにしたものです。文字フォント・色・大きさ、背景や配置などを定義します。
ＡＳＰ（Active Server Pages）は、マイクロソフトが開発したＨＴＭＬとＶＢスクリプトなどのスクリプト言語を組み合わせた動的なＷＥＢページを作るための技術です。マイクロソフトが提供している .NET（ドットネット）と呼ばれるＷＥＢアプリケーションの開発環境とセットに運用することができ、ＡＳＰ．ＮＥＴとして一体化した技術が存在します。
Ａｊａｘ（エイジャックス：Asynchronous JavaScript + XML）とは、ＤＨＴＭＬの具体的な技術です。毎回サーバと通信することなく非同期の状態で動的なＷＥＢページを表現します。

ord

ＭＬ（HyperText Markup Language）

Ｌは、ホームページを記述するための言語です。事前に定義されたタグ、規約に基づいた形式で記述します。

Ｌ（eXtensible Markup Language）

は、ＨＴＭＬの拡張形式で、タグを独自に定義することができます。データなどの用途に利用されることが多いです。

過去問 トライアル解答 

ク問題

、ＵＮＩＸのシステム記述言語である。 ⇒×

語の説明である。Javaは、Ｃ＋＋をもとに作ったオブジェクト指向型グラム言語で、ＷＥＢ系の開発言語としてよく利用されている。

問題を解いた後だからこそ、知識の吸収も促進されることを実感するでしょう。過去問で実際に問われた知識と、その周辺の知識をあわせて理解するため、一般的なテキストと比べて知識の定着度が全然違います。

次のテーマに進む

以上で、このテーマの学習が一通り終了いたしました。次のテーマの学習に進んでください！

購入者サポート 専用WEBページのご案内

『FOCUSテキスト＆WEB問題』は、WEBと連動した新しいテキストです。

専用WEBページを用意しており、「過去問トライアル解説」や「類題」の閲覧・演習をはしめとする様々なサポートのご利用が可能です。

全テーマ詳細解説付きWEB問題【DL対応】

本書記載の「過去問トライアル」の解説の閲覧や、「類題」の演習をすることができます本書ではテーマごとに「過去問トライアル」を要点・基礎知識とセットで用意（一部テーマはオリジナル問題でカバー）。WEBでは過去問の詳細解説を見ることができます。

さらに、「過去問トライアル」には類題の出題年・問題番号が表記されています。これらの問題と解答解説も公開しています。

これらはPDFでのご利用も可能ですので、通勤中や外出先での学習にお役立てください。

テーマ別ポイント解説動画【無料視聴】

本書に収録されている全テーマのポイント解説動画を公開します。

LEC講師陣が「このテーマの要点」を中心に、本書を読み進めていくにあたってのポイント注意点などを簡潔に解説し、「FOCUSテキスト＆WEB問題」での学習をサポートします。

※ご利用には、会員・Myページ登録が必要です。

※2024年８月下旬より順次公開予定です。

応用編テキスト＋５年分の１次試験過去問【DL対応】

『FOCUSテキスト＆WEB問題』（経営情報システム）の応用編書籍を２点と、『令和２年度～令和６年度１次試験科目別 過去問題集』（経営情報システム）の合計３点をWEB上で無料提供します。PDFでのご利用も可能です。

※ご利用には、会員・Myページ登録が必要です。

※2024年12月下旬より順次公開予定です。

令和６年度１次試験解説動画【無料視聴】

直近の本試験過去問を分析することは、試験対策として必須といえます。LECでは過去のデータや令和６年度本試験リサーチ結果を踏まえ、各科目の担当講師による重要問題を中心にした解説動画を配信します。

※令和６年度中小企業診断士１次試験終了２ヶ月後より配信開始予定です。

ご利用方法

サポート①：全テーマ詳細解説付きWEB問題【DL対応】
サポート②：テーマ別ポイント解説動画【無料視聴】
サポート③：応用編テキスト＋５年分の１次試験過去問【DL対応】

1 以下の二次元コードかURLから「経営情報システム ログインページ」にアクセスしてください。

【経営情報システム】

URL：https://www.lec.jp/shindanshi/focus2025/jouhou/

2 以下のID・PASSを入力して専用WEBページにログインし、案内に従ってご利用ください。

【経営情報システム】

ID：shindanI25

PASS：jouhou

※②・③のご利用には会員・Myページ登録が必要です。

サポート④：令和６年度１次試験解説動画【無料視聴】

以下の二次元コードかURLから専用WEBページにアクセスし、「令和６年度１次科目別解説動画」をご視聴ください。

URL：https://www.lec-jp.com/shindanshi/book/member/

購入者サポート専用WEBページの
閲覧期限は 2025年11月23日迄です。

目次 **Contents**

第２分野　システム構築と信頼性確保 ……………………… 63

経営情報管理

情報通信技術に関する基礎知識

Information Technology

第 1 分野

ハード・ソフトウェアの基礎知識

テーマ別ガイダンス

ハード・ソフトウェアの基礎知識

1 各テーマの関連

ハード・ソフトウェアの基礎知識では、コンピュータがどのような仕組みで成り立っているのか、処理の仕組みなどを学習していきます。まずは、「1－2　記憶素子」、「1－3　CPU」で主記憶装置やキャッシュメモリ、CPUなどパソコン

の構成要素としてのハードウェアの知識を学習していきます。前提知識としてパソコンの構成要素となる中身は、どのようになっているかを押さえておく必要があります。「1－4　コンピュータの周辺装置」では、パソコンの周辺に存在する機器の仕組みについて学習します。処理の仕組みとしての「1－5　仮想記憶・スプール機能」や「1－6　インタフェース」を学習することで、パソコン全体が成り立つ仕組みを学習することができます。

「1－7　オペレーティングシステム」、「1－9　プログラム言語」では、目に見えないソフトウェアの学習をするため、イメージ作りが重要な論点を学習します。

「1－11　システムの処理形態」、「1－12　Ｗｅｂコンピューティング」では、先に学習したコンピュータをどのような形態で利用するかを学び、データベースにつながる「1－13　データ形式」を学習する流れとなります。

2 出題傾向の分析と対策

① 出題傾向

#	テーマ	H26	H27	H28	H29	H30	R01	R02	R03	R04	R05
1-1	ハードウェア・ソフトウェアの基礎知識										
1-2	記憶素子										
1-3	ＣＰＵ										
1-4	コンピュータの周辺装置	1	1	1	2		2	1			
1-5	仮想記憶・スプール機能			1							
1-6	インタフェース	1			1	1		1	1		1
1-7	オペレーティングシステム	1		1	1	1					
1-8	アプリケーションとミドルウェア			1			1		1		
1-9	プログラム言語	2	3			1	1		1	1	1
1-10	データ構造とアルゴリズム	1	1		1			1			
1-11	システムの処理形態						2	1			
1-12	Webコンピューティング				1						
1-13	データ形式	1		1		1	1				1

② 対策

ハード・ソフトウェアの基礎知識の分野は、出題頻度も高く、出題の量も大きな分野となります。毎年、安定的に出題されており、充分な対策が必要となります。

対策として、覚えるべき用語が多くなるため、しっかりと意味を紐付けて体系的に理解しておくことが大切です。例えば、主記憶装置はＤＲＡＭがよく使われ、ＤＲＡＭは遅いけれど容量が大きいというふうに、用語と用語を連動させて覚えてほしいと考えています。

また、システム構成と処理方式の分野においては、図を活用し、確実にイメージを理解するようにしてください。特にＷｅｂコンピューティングは、現在活用の幅が拡大してきているため、試験としても問われる可能性が高くなります。しっかりと現代の利用形態に即した学習をすることが重要です。

データ形式の分野は、次テーマのデータベースにつながる要素も多いため、当テーマ自体の出題が少なくても、データベースの重要性が高いため、しっかりと学習してほしいと考えています。

全体の学習配分のうち、ハード・ソフトウェアの基礎知識の分野は高い学習配分が必要だと認識していただき、取り組んでほしいです。

MEMO

ハードウェアとソフトウェア

ハードウェア・ソフトウェアの基礎知識

学習事項 パソコンの中の記憶装置，コンピュータの種類

このテーマの要点

パソコンの中の仕組みを理解しよう

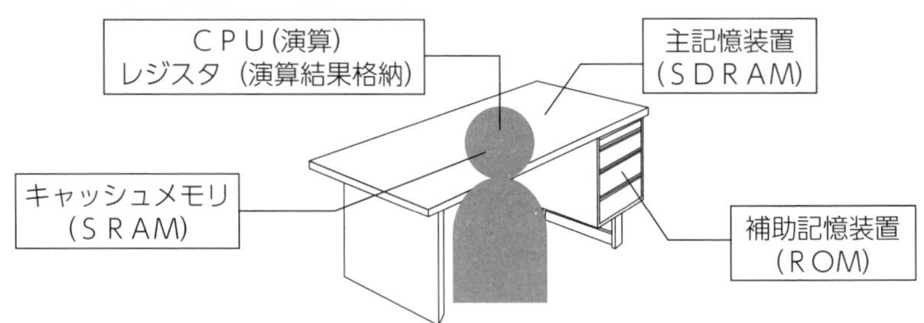

まずは、パソコンの中の構成や仕組みを理解していきます。前提知識となる部分ですので、しっかり学習しましょう。パソコンは机で仕事をする人に例えられます。日常生活に置き換えてみることで理解をしやすくします。

過去問トライアル	平成19年度　第1問
	コンピュータと各種装置
類題の状況	H25-Q3　H23-Q1　H22-Q1

次のコンピュータの主記憶装置に関する文章について、空欄A～Dに入る最も適切な用語の組み合わせを下記の解答群から選べ。

オフィスにおけるコンピュータの利用に際しては、その処理速度が仕事の効率に影響を及ぼす場合がある。この処理速度を左右する原因としてコンピュータに装備する主記憶装置の容量が関係し、主記憶装置の容量が少ないと処理速度が低下するといわれている。主記憶装置には多くの場合、［ A ］が利用されるが、価格などの点で装備される記憶容量が限られるので、このような問題が発生する。

この場合の処理速度低下のひとつの要因は、補助記憶装置である［ B ］と主記憶装置との間で［ C ］が発生するためである。このような現象が生じるのは［ D ］という仕組みを取り入れ、主記憶装置の容量不足を補っているためである。

〔解答群〕

ア　A：ＥＰＲＯＭ　B：ＲＯＭ　C：メモリインタリーブ
　D：フラグメンテーション

イ　A：ＰＲＯＭ　B：フラッシュメモリ　C：リフレッシュ
　D：キャッシュ

ウ　A：ＳＤＲＡＭ　B：ハードディスク　C：スワッピング
　D：仮想記憶

エ　A：ＶＲＡＭ　B：光磁気ディスク　C：キャッシュ
　D：ランダムアクセス

1 パソコンの中の記憶装置

パソコンの中にある記憶装置について見ていきます。

【1-1-1　記憶装置の種類】

ＣＰＵ	中央演算装置と呼ばれます。データの演算や制御を行うコンピュータの頭脳という位置づけです。
レジスタ	ＣＰＵの中にある記憶装置です。データの演算した結果のみを一時的に格納する部分です。そのため、高速ですが容量は小さいのが特徴です。
キャッシュメモリ	一般的にＣＰＵと一体となっている記憶装置です。直近で読み出した命令やデータを保管しているため、主記憶装置からの再読み出しが不要となり、コンピュータの処理速度を向上させます。
主記憶装置（メインメモリ）	現在作業中のデータやファイル等を保管する装置です。キャッシュメモリに比べると低速です。この主記憶装置の容量が大きければ大きいほど、より大きなファイル等の操作が可能となります。
補助記憶装置（外部記憶装置）	データを半永久的に保管する装置です。一般的にはハードディスクが使われています。最近では、ＳＳＤ（Solid State Drive）と呼ばれるフラッシュメモリを活用した記憶装置も登場しています。ハードディスクよりも高速で消費電力も小さく、壊れにくいという特徴を持っています。

2 コンピュータの種類

コンピュータは、様々な種類があり、用途や状況に応じて使い分けをしていきます。

【1-1-2　コンピュータの種類】

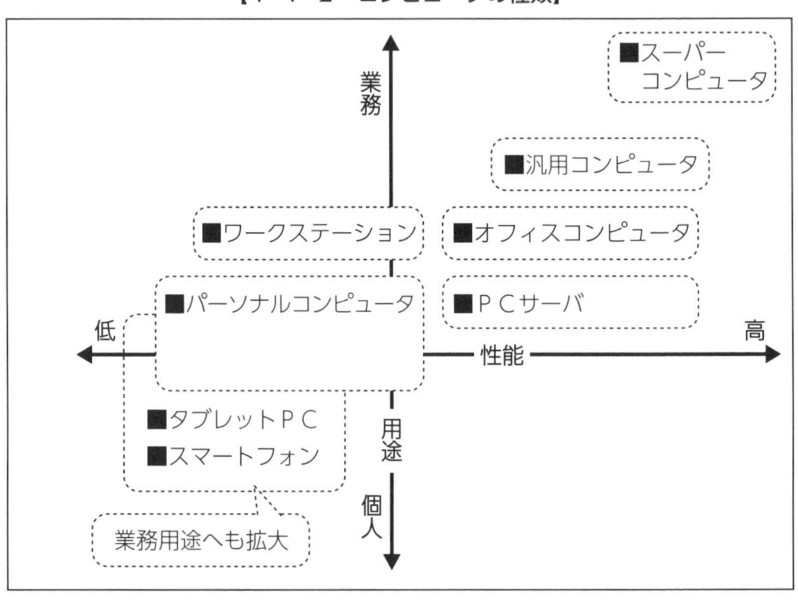

スーパーコンピュータ	高性能の処理能力を備えるもの。膨大な計算を扱う場合などに利用され、原子力や宇宙開発など特殊な分野で使用されることが多いです。
汎用コンピュータ	事務処理や科学技術計算、基幹系の業務など広範囲にわたる業務の処理能力を備える高機能で大型のコンピュータを指します。
オフィスコンピュータ	中小企業の事務処理などで使用される、比較的小さなコンピュータを指します。
ワークステーション	一度に複数の業務を処理できるように作られたコンピュータです。ネットワークを介した利用環境となるのが一般的です。
スマートフォン	高機能携帯端末のことです。高機能化と活用が進んでいます。
ウェアラブルコンピュータ	時計やメガネなど普段身に着けるものをコンピュータ化します。

OnePoint コンピュータで使われる単位

Bit（ビット）0と1（ONかOFFか）の2通りの組み合わせで1bitとなります。

Byte（バイト） 8bit＝1Byte

2通りの8乗なので、256通りの組み合わせを1Byteで表現できます。1Byteより大きい単位は、以下のようになり、1,000倍ずつ増えます。

KByte（キロバイト）→MByte（メガバイト）→GByte（ギガバイト）→TByte（テラバイト）→PByte（ペタバイト）

過去問 トライアル解答 

☑チェック問題

スマートフォンのアプリケーションは、パソコンでも作ることが可能である。

⇒

ハードウェアとソフトウェア
記憶素子

学習事項 RAMとROM，装置階層，キャッシュメモリの活用

このテーマの要点

パソコンの中の記憶素子について理解しよう

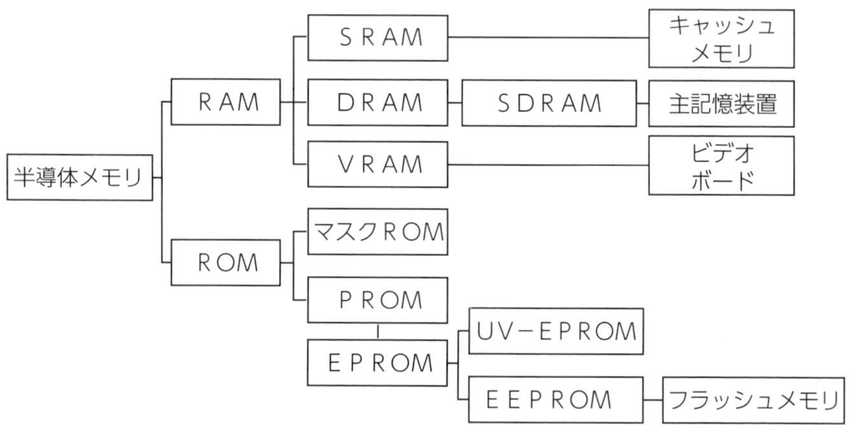

パソコンの中には、様々な記憶装置が存在します。その記憶装置では、用途に応じた記憶素子が使われています。パソコンの中の記憶装置に合わせてどのような記憶素子が使われているのか、結び付けて覚えましょう。過去の本試験でも出題頻度のかなり高い分野ですのでしっかりと押さえてください。

過去問トライアル	平成22年度　第1問 半導体と記憶装置
類題の状況	H24-Q1　H19-Q1

パーソナルコンピュータ（PC）には様々な半導体を利用した記憶装置が使用されているが、業務に適したものを選択しなければならない。したがって、その特性を理解しておく必要がある。

次のａ～ｄの記述と半導体を利用した記憶装置の組み合わせとして、最も適切なものを下記の解答群から選べ。

ａ　主記憶装置に利用され、高速に読み書きができるが、記憶保持のためにはリフレッシュ操作が必要で、電源を切ると内容は消去される。

b　BIOSなどのデータを工場出荷時に書き込み、PCでは読み込み専用で使用するもので、電源を切っても内容は保持される。

c　書き換えが可能で、デジタルカメラからPCへのデータ移動にも使用される。他の半導体記憶装置と比べると書き換えできる回数が少ないが、電源を切っても内容は保持される。

d　画面に描画するRGBの輝度データを記憶させるもので、電源を切ると内容は消去される。

〔解答群〕

ア　a：SDRAM　b：マスクROM　c：フラッシュメモリ　d：VRAM
イ　a：VRAM　b：フラッシュメモリ　c：SDRAM　d：マスクROM
ウ　a：フラッシュメモリ　b：VRAM　c：マスクROM　d：SDRAM
エ　a：マスクROM　b：SDRAM　c：VRAM　d：フラッシュメモリ

1 RAM（Random Access Memory）とROM（Read Only Memory）

記憶素子は、大きく分けるとＲＡＭとＲＯＭに分類できます。ＲＡＭはデータの書き換えが可能ですが、電源を切るとデータが消去される揮発性メモリです。

一方、ＲＯＭはデータの読み出しのみが可能で書き換えができませんが、電源を切ってもデータは消去されない不揮発性メモリという特徴があります。

【1-2-1　記憶素子の一覧】

名称		ポイント	用途など
RAM（揮発性）	ＳＲＡＭ (Static RAM)	・DRAMよりも高速、回路は複雑 ・高速・高価・容量小 ・リフレッシュ不要	キャッシュメモリ フリップフロップ回路
	ＤＲＡＭ (Dynamic RAM)	・SRAMよりも低速、回路が単純 ・低速・低価・容量大 ・一定時間ごとに再書き込み（リフレッシュ）作業が必要	主記憶装置（メインメモリ）
	ＳＤＲＡＭ (Synchronous DRAM)	・DRAMの仲間で、DRAMよりも高速に動作	
	ＶＲＡＭ (Video RAM)	・ディスプレイ等の映像出力用のメモリとして使われる ・DRAMやSRAMを活用したメモリ	グラフィック（ビデオ）ボード内の映像用メモリ

ROM (不揮発性)	マスクROM	・書き込み不可 ・工場出荷時からデータが書き込まれている	電子辞書の辞書データ ファームウェア
	PROM (Programmable ROM)	・1回だけ書き込み可能	
	EPROM (Erasable Programmable ROM)	・何度でも書き込み可能 ・紫外線を使ってデータを消去するUV－EPROMと、電圧によってデータを消去・書き込みを行うEEPROMがある	フラッシュメモリ(EEPROMの一種)

2 装置階層

コンピュータの記憶装置は、次に示すようなピラミッド型となっており、アクセス速度が速ければ速いほど低容量で価格が高くなる傾向があります。

【1-2-2　記憶階層】

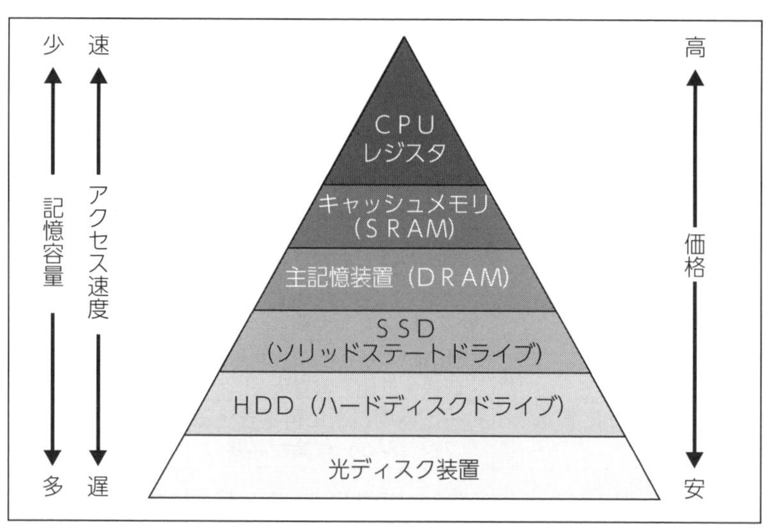

3 キャッシュメモリの活用

キャッシュメモリは、CPUの内部にあり非常に高速なメモリです。使用頻度の高いデータをキャッシュメモリに配置することで低速のメインメモリとのやり取りを減らし、処理の高速化が実現します。

CPUはまずはじめにキャッシュメモリ内を検索し、使用すべきデータがキャッシュメモリ内にないかを見ます。あればそのデータを使用し、なければ主記憶装置で演算を行いながらデータ生成を行います。

キャッシュメモリ内にデータがあることをヒットといい、その確率をヒット率といいます。ヒット率が高い方がコンピュータは高速に動作します。

Keyword

▶ デュアルチャネル

メインメモリを２重にすることです。効率的なアクセスが可能となり、処理速度が向上します。メインメモリを３枚差しにしたものをトリプルチャネル、４枚差しにしたものをクアッドチャネルといいます。

▶ メモリインタリーブ

主記憶装置を複数のメモリバンクに分割し、ＣＰＵとのデータ転送を複数のメモリバンクに同時に実行することで処理速度の向上を図るものです。

過去問 トライアル解答 **ア**

☑チェック問題

ＲＩＳＣ型プロセッサの主記憶装置はＳＲＡＭを使用し、ＣＩＳＣ型プロセッサではＤＤＲ-ＳＤＲＡＭを使用しているので、ＲＡＭを増設する場合はメモリの種類を確認する必要がある。 ⇒×

▶ プロセッサの種類（ＲＩＳＣ型とＣＩＳＣ型）によって、使用する主記憶装置の種類が限定されるわけではない。ＲＩＳＣ（Reduced Instruction Set Computer：縮小命令セットコンピュータ）とは、縮小命令セットと呼ばれるアーキテクチャを採用したプロセッサで、回路を単純化して演算速度の向上が図られている。かつてはＵＮＩＸサーバ等で多く採用されていたが、現在はＰＣサーバを中心にＣＩＳＣ（Complex Instruction Set Computer：複合命令セットコンピュータ）の採用が多くなっている。ＣＩＳＣとは、多種多様な命令セットを持つ方式のプロセッサで、ＲＩＳＣと比較して実行できる命令が複雑で種類も多い。なお、パーソナルコンピュータの主記憶装置には主にＤＲＡＭが使用されるが、超高速が求められるスーパーコンピュータや組み込みシステム（自動車の制御システム等）ではＳＲＡＭが主記憶装置として使用されることがある。

ハードウェアとソフトウェア
ＣＰＵ

学習事項 CPU, GPU

このテーマの要点

ＣＰＵの高速化技術を押さえよう

ＣＰＵ（中央演算処理装置：Central Processing Unit）の仕組みと機能について理解しましょう。ＣＰＵには高速化を実現するための様々な技術が使われています。この高速化の技術を理解するためには、キャッシュメモリやメインメモリとの関連について押さえることが重要です。キャッシュメモリの活用により処理の高速化が可能となりますので、併せて理解してください。

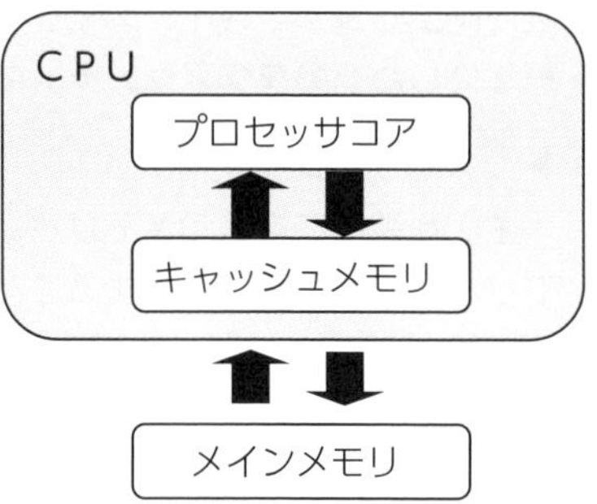

過去問トライアル	平成22年度　第２問
	ＣＰＵと処理能力
類題の状況	H24-Q3　H21-Q2

PCの処理能力は様々である。その中から業務に適した能力のPCを選択しなければならない。PCの処理能力に関する次の文中の空欄Ａ～Ｅに入る語句の組み合わせとして、最も適切なものを下記の解答群から選べ。

PCの処理能力はCPUの演算速度によって変化する。CPUの動作クロック周波数が［　A　］のものに比べ［　B　］で動作するものは演算速度が速い。PCに使用していたCPUを、動作クロック周波数が［　C　］ものに取り替えると処理能力は高くなる。

CPUとメモリや周辺機器の間ではデータのやり取りが［　D　］を通じて行われる。［　D　］によるデータ伝送の幅は［　E　］で表現され、数値が大きいほどPCの処理能力は向上する。

〔解答群〕

ア	A：2GHz	B：800MHz	C：低い	D：キャッシュ	E：bps
イ	A：2μs	B：800ms	C：低い	D：キャッシュ	E：ビット
ウ	A：800MHz	B：2GHz	C：高い	D：バス	E：ビット数
エ	A：800ms	B：2μs	C：高い	D：バス	E：bps

1 ＣＰＵの指標と仕組み

①クロック周波数

クロック周波数（Hz：ヘルツ）は、ＣＰＵの処理性能を表し、同じ構成のＣＰＵであれば数字が大きいほど処理性能は高くなります。

②プロセッサ

コンピュータ内で、データ処理、プログラム制御、システム状態管理などを行う装置です。一般的にＣＰＵのことを指します。

2 ＣＰＵの高速化

ＣＰＵの高速化技術は、様々なものがあります。

【1-3-1　代表的なＣＰＵ高速化技術】

パイプライン	パイプラインは、各処理が終わる前に次の処理を行うといった、同時並行的な作業を行うことで処理速度の向上を図るものです。パイプラインが複数あるものをスーパースカラと呼びます。
マルチプロセッサ	マルチプロセッサとは、１台のコンピュータに複数のマイクロプロセッサ（ＭＰＵ：ＣＰＵと同義）を搭載して高速化を図ることです。その中でも、密結合は、複数のプロセッサが主記憶装置等を共有します。疎結合は、複数のプロセッサがそれぞれ主記憶装置等を持って独立しています。
マルチコアプロセッサ	デュアルコアは、１つのＣＰＵパッケージ内に２つのプロセッサコアを搭載したものです。クアッドコアは、１つのＣＰＵパッケージ内に４つのプロセッサコアを搭載したものです。

代表的な高速化技術のイメージを見てみましょう。

【1-3-2　マルチプロセッサ】

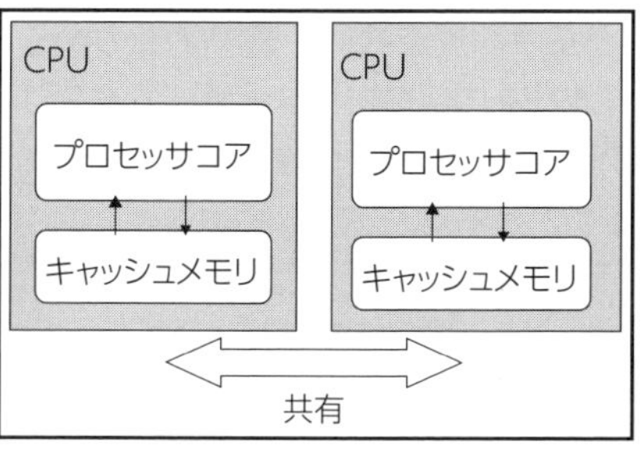

【1-3-3　マルチコアプロセッサ】

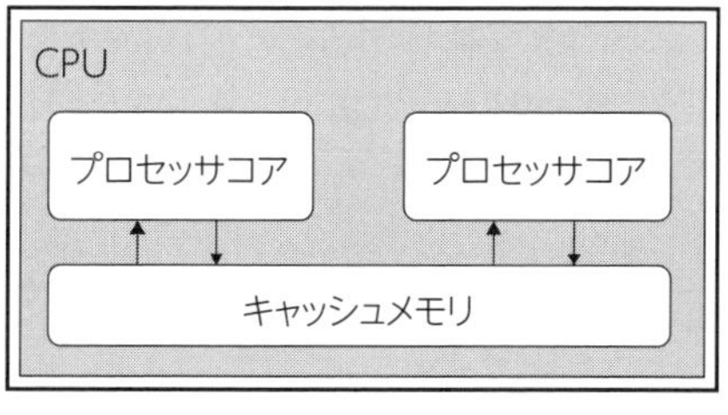

3　ＧＰＵ（Graphics Processing Unit）

ＧＰＵは、コンピュータにおいて画像処理を行う部分です。例えば、３Ｄグラフィックスの映像を出力するための計算などを行います。グラフィックボードと呼ばれる映像処理を行う装置の中にＧＰＵが搭載されます。

Keyword

▶　**オーバークロック**

本来のクロック周波数以上で動作させることです。高速になりますが、負荷がかかるため、動作が不安定になる場合があります。

▶　**ムーアの法則**

Intel（インテル）社の創業者の１人である、ムーア氏が唱えた法則です。「半導体の集積密度は18～24ヶ月で倍増する」という内容です。

過去問 トライアル解答　ウ

☑チェック問題

コンピュータのＣＰＵと主記憶装置間の転送速度を表す内部クロック周波数は、値が大きいほど転送速度は速くなる。⇒×

▶　クロック周波数は、コンピュータ内部の各回路間において処理の同期を図るための速度を示す指標であり、ＣＰＵと主記憶装置間の転送速度を示すものではない。クロック周波数は、１秒間にあらわれるクロックの回数のことであり、クロック周波数が高いほど処理速度が速くなる。クロック周波数は、Hz（ヘルツ）で表され、１秒間に１回の振動があることを１Hzという。１秒間に100万回の振動があることを１MHzといい、クロック周波数は、通常MHzの単位で表される。なお、ＣＰＵ内のクロック周波数を内部クロックと呼び、ＣＰＵがメインメモリ・拡張ボードなどとデータを授受する際のクロック周波数を外部クロックと呼んで、明示的に使い分けることがある。

MEMO

ハードウェアとソフトウェア
コンピュータの周辺装置

学習事項 補助記憶装置，ＨＤＤとＳＳＤ，入力・出力装置

このテーマの要点

補助記憶装置を中心に覚えよう

コンピュータの周辺装置は、大きく５つに分けることができます。これをコンピュータの５大装置（機能）といいます。試験対策上、補助記憶装置の種類と用途は必須の知識となるのでしっかりと学習してください。

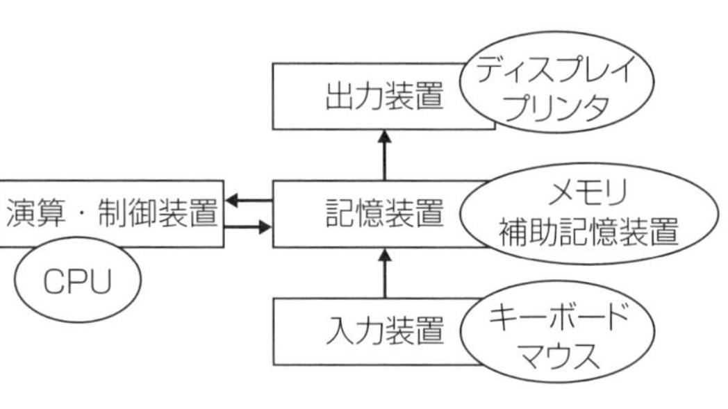

コンピュータは、マザーボードと呼ばれる基盤の上に各周辺装置が接続されており、１台のコンピュータとして動作します。

過去問トライアル	平成28年度　第１問 周辺機器とインタフェース
類題の状況	R02-Q2　R01-Q1　R01-Q2　H29-Q3　H29-Q4　H27-Q1　H26-Q1　H21-Q3　H20-Q1

各種業務処理を行ううえでパーソナルコンピュータ（ＰＣ）の重要度が増す中、業務内容に適した機器構成を検討することは重要である。これに関する記述として最も適切なものはどれか。

ア　ＨＤＤとは異なりＳＳＤは、ＯＳのインストールができないため起動ドライブとしては使えない。

イ　ＰＣにグラフィックボードを付ける場合、ＩＤＥインタフェースに装着する。

ウ　ＰＣには、処理速度を向上させるために、メモリモジュールを複数枚組み合わせて利用できるものがある。

エ　マザーボード上のＣＰＵソケットの形状は標準化されているので、処理速度の速いどのようなＣＰＵへの交換も可能である。

1 補助記憶装置

補助記憶装置は、データを保存するための装置です。外部記憶装置とも呼ばれます。以下、様々な種類がありますのでしっかり押さえましょう。

【1-4-1　補助記憶装置の一覧】

名称	内容	キーワード
ハードディスク装置	補助記憶装置として最もよく使用されます。何枚も重ねた金属のディスクを、高速回転させます。ハードディスクを格納した装置をハードディスクドライブ（HDD）といいます。	内蔵ハードディスク 外付けハードディスク
フラッシュメモリ関連装置	データの書き換えが自由で、電源を切ってもデータが消失しない半導体メモリです。高速で省スペースです。	USBメモリ SDカード SSD（Solid State Drive）
光磁気ディスク	光学技術を使用した書き換え可能な記憶装置です。一般的にはMOドライブと呼ばれています。	3.5インチタイプ 容量：128MB ～ 2.3GB
CD	光ディスクの一種です。樹脂製の円盤に赤外レーザを使用して読み書きします。	容量：650 ～ 700MB
DVD	CDよりも記録密度を高めたディスクで赤色レーザを使用します。2層書き込み・両面書き込みが可能です。	容量：4.7GB ～ 8.5GB CDの約7倍から12倍
Blu-ray Disk	青紫色レーザを使用し、DVDよりさらに記録密度を高めたディスクです。2層書き込み・両面書き込みが可能です。	容量：25GB ～ 100GB DVDの約5倍から25倍

2 ＨＤＤとＳＳＤの比較

【1-4-2　ＨＤＤとＳＳＤの比較】

ＨＤＤ（ハードディスクドライブ）	ＳＳＤ（ソリッドステートドライブ）
耐久性が低く、安価で、読み出しや記録に関する速度がＳＳＤと比較すると遅くなる傾向があります。 セクタと呼ばれる最小単位の領域ごとにデータを管理し、セクタとセクタのまとまりをクラスタと呼びます。	省電力で耐久性が高く、読み出しや記録の速度はＨＤＤよりも速いです。 しかし、高価でまだ大容量化はこれからです。さらに、書き換え回数の上限があるというデメリットも存在します。

3　入力・出力装置

①入力装置

コンピュータに対して、データ入力などを通じて指示するための装置です。キーボードやマウス、スキャナなどがあります。上記以外の入力装置には、タッチスクリーンがあります。タッチスクリーンは指やペンなどで直接画面等を触れることで操作する入力装置です。銀行ＡＴＭや駅の発券機、スマートフォンなどのモバイル端末にも使用されています。

Keyword

▶　静電容量方式

人の指などとディスプレイの間に発生する電流（静電容量の変化）を捉え、タップされた位置などを測定・検知する技術です。

②出力装置

コンピュータが処理したデータを、出力結果として外部に知らせます。代表例として、プリンタやディスプレイ、プロッタ（図面データを紙へ出力する装置）、プロジェクタなどがあります。

【1-4-3　ディスプレイの一覧】

名称	特徴
ＣＲＴディスプレイ	いわゆる電気信号を光に変換するブラウン管です。重量が大きく容積をとるためほとんど使われなくなりました。
液晶ディスプレイ	現状最も普及が進んでいます。液晶部分にバックライトなどの光を当てて表示を行います。
プラズマディスプレイ	ガス放電を利用した表示方法です。液晶よりも大画面化に強いです。
有機ＥＬディスプレイ	ＥＬはエレクトロルミネッセンスのことです。素子そのものが発光する原理を利用して表示を行います。発光ダイオードも同じ原理です。

Keyword

▶　解像度

ディスプレイやプリンタの出力データの表現の度合いのことです。単位には、ｄｐｉ（dots per inch）：１インチあたりのドット数やｐｐｉ（pixel per inch）：１インチあたりのピクセル数などが使われます。ｐｐｉは、BMP（ビットマップ）形式の画像におけるピクセル数が基準となります。

過去問 トライアル解答 ウ

☑チェック問題

演算装置では、処理命令に従ってデータを処理し、制御装置の指示でその演算結果を転送させて主記憶装置に記憶させる。 ⇒○

ハードウェアとソフトウェア 仮想記憶・スプール機能

学習事項 記憶管理，ページング方式，スプール機能

このテーマの要点

効率的な記憶管理の仕組みを理解しよう

主記憶装置の記憶容量には限りがあります。複数のプログラムを同時に実行するなどの負荷の高い処理に対応するためには、効率的な記憶管理が必要となります。実記憶管理や仮想記憶管理の仕組みを理解して、効率的な記憶管理について整理しておきましょう。

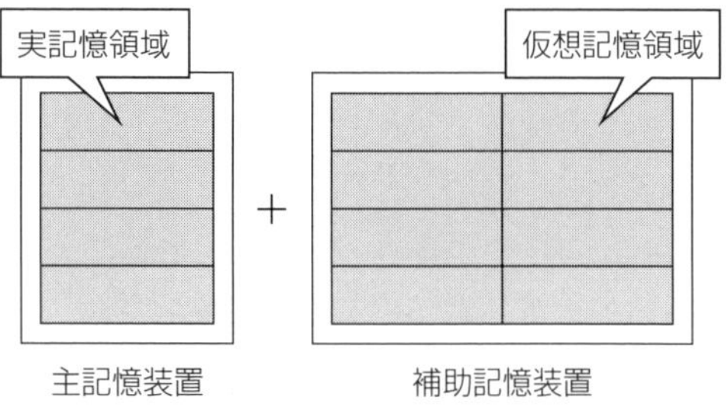

過去問トライアル	平成20年度　第９問 記憶管理の効率化
類題の状況	H28-Q3　H23-Q2

パソコンを利用して各種業務処理を行う場合、複数の処理を同時並行して行ったり、大容量のファイルを読み込んで処理したりする場合が多くなった。このような状況に対応するために、オペレーティングシステムやハードウェアの機能が充実してきている。そのような機能に関する記述として、最も適切なものはどれか。

ア　仮想記憶管理とは、キャッシュメモリに主記憶の役割を仮想的に持たせることをいう。

イ　スプール処理とは、低速の入出力装置などを使う場合に、他の処理を行えるようにＣＰＵを早く解放するため、補助記憶装置などにデータを一時的に書き込み、後の空き時間に処理をする方式をいう。

ウ　スワッピングとは、デュアルコアＣＰＵなど複数のＣＰＵを用いて処理を交互に行う方式をいう。

エ　多重プログラミングとは、複数のプログラムをそのプログラムの数のＣＰＵによって同時に処理させる方式をいう。

1 記憶管理の仕組み

記憶管理の仕組みをそれぞれ理解しましょう。

【1-5-1 記憶管理の種類】

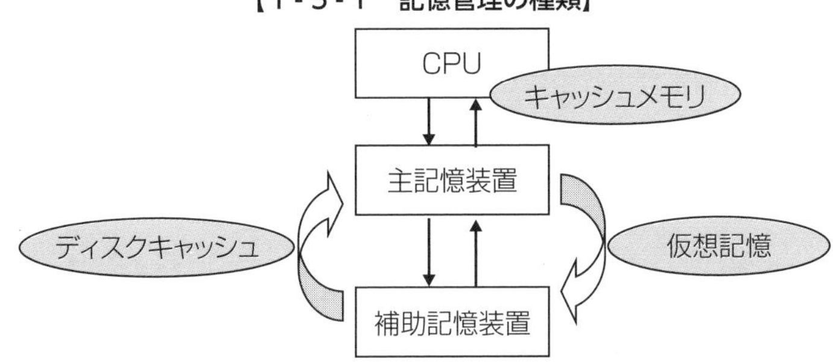

仮想記憶管理は、主記憶装置の容量の少なさを補うために補助記憶装置にデータを退避させます。反対に、ディスクキャッシュは補助記憶装置にあるデータを主記憶装置などの高速な半導体メモリに移動させることで処理の高速化を実現します。

2 仮想記憶管理の方式

仮想記憶管理の代表的な方式に、ページング方式があります。

【1-5-2 ページング方式】

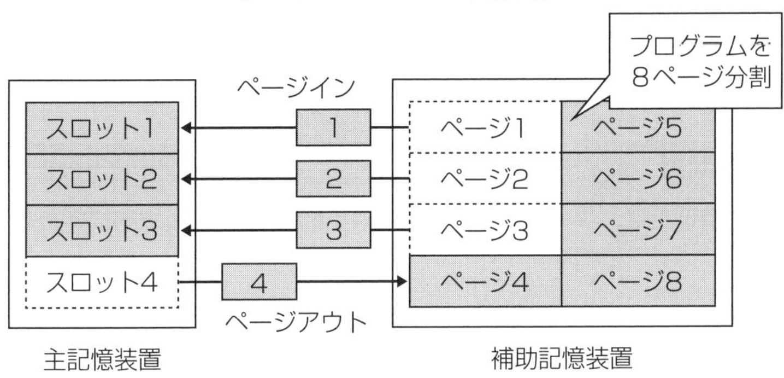

ページング方式は、プログラムとアドレスをそれぞれ一定の単位（ページ）に分割して管理する方法です。

必要なプログラムを主記憶装置にロード（ページイン）し、不要なプログラムを補助記憶装置に退避（ページアウト）することを繰り返しながらプログラム実行をします。

3 スプール機能

スプール機能とは、処理スピードの遅い入出力データを一時的にハードディスク等の補助記憶装置に蓄積し、少しずつ処理を進める技術で、プリンタの印刷時などに利用されています。

プリンタへの印刷処理実行中にＣＰＵが低速の入出力の制御をしていると、資源待ち（遊び時間）が生じます。そのため、データの入出力をＣＰＵから切り離すことでＣＰＵを解放し、効率を高める効果があります。

Keyword

▶ スワッピング方式

主記憶装置のプログラムと補助記憶装置のプログラムを実行予定に合わせて交換します。

▶ スラッシング

ページイン・ページアウトを頻繁に繰り返してしまうことで、ＣＰＵに負荷がかかり、システム全体の効率を低下させてしまうことです。

▶ フラグメンテーション

ハードディスク等のディスクの断片化のこと。この断片化を修正することを、デフラグメンテーションといいます。

過去問 トライアル解答 **イ**

☑チェック問題

仮想記憶管理とは、キャッシュメモリに主記憶の役割を仮想的に持たせることをいう。 ⇒×

▶ 仮想記憶とは、ソフトウェアの実行に充分なメモリ容量がない場合、当面は使用されないメモリ上のプログラムを一時的にハードディスク上に退避させ、空いたメモリ領域で必要なプログラムを実行させる技術である。少ないメモリ容量でもより大きな記憶領域を使えるようになり、このための補助記憶装置であるハードディスクを仮想記憶装置という。ＣＰＵとメモリ（主記憶装置）の間に置かれ、高速のＣＰＵとＣＰＵより低速のメモリの間に発生する処理スピードギャップを改善するためのキャッシュメモリとは異なる。

MEMO

ハードウェアとソフトウェア
インタフェース

学習事項　シリアルインタフェース，パラレルインタフェース，ワイヤレスインタフェース

このテーマの要点

様々なインタフェースの分類と特徴

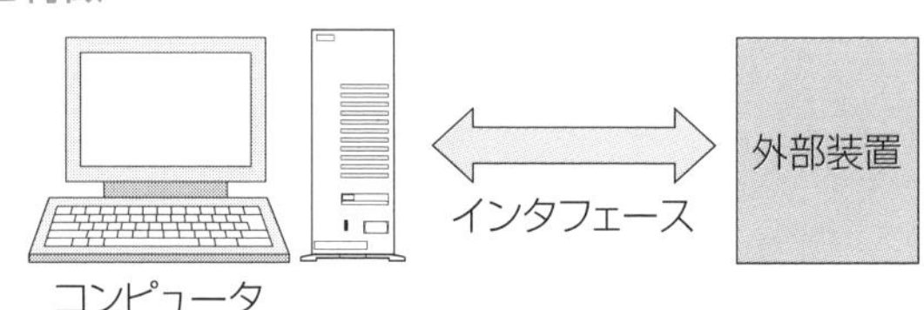

インタフェースとは、複数の装置を接続する際の規約であり、どのようなコネクタを使用するのかなどの取り決めとなります。実際にどのような種類があり、どのような内容なのか、しっかりと理解する必要があります。

過去問トライアル	平成29年度　第1問 ＰＣの伝送経路
類題の状況	R05-Q1(再)　R03-Q1　R02-Q1　H30-Q1　H26-Q2　H25-Q1　H22-Q1　H21-Q1　H20-Q2

パーソナルコンピュータ（ＰＣ）内部には、バスやインタフェースと呼ばれる伝送経路がある。その機能改善によりスループットの向上が期待できるので、ＰＣの導入に当たっては、伝送経路の機能にも配慮すべきである。

この伝送経路の仕組みに関する以下の文章の空欄Ａ～Ｄに当てはまる語句の組み合わせとして、最も適切なものを下記の解答群から選べ。

データやプログラムは、ＰＣ内部のマザーボードで発生する［　Ａ　］と同期を取りながら、バス上で伝送される。ＣＰＵと主記憶装置の間でそれらを伝送するシステムバスは、［　Ｂ　］、データバス、コントロールバスから構成されている。

ＰＣの入出力バスと［　Ｃ　］やＤＶＤ装置を接続し、それらをオペレーティングシステムの起動ディスクとして利用する場合に使用できる代表的なインタフェースはＳＡＴＡである。

ＰＣのシステムバスに接続された［　Ｄ　］インタフェースは、これまで主にグラフィックスボードなどを装着するために利用されてきたが、このインタフェースに装着できるＳＳＤを使用すると、データなどの読み書き速度やＰＣの起動速度が向上する。

〔解答群〕

	A	B	C	D
ア	A：クロック	B：アドレスバス	C：ＨＤＤ	D：ＰＣＩ Express
イ	A：クロック	B：パラレルバス	C：ＳＳＤ	D：ｍＳＡＴＡ
ウ	A：パルス	B：シリアルバス	C：ブルーレイ	D：ＮＶＭｅ
エ	A：パルス	B：パラレルバス	C：microＳＤ	D：ＩＥＥＥ 1394

1 シリアルインタフェース

シリアルインタフェースとは、データを1bitずつ順次伝送していく方式です。一般的には低速で、長距離伝送が可能です。最近では技術が進み、高速化も進んでいます。

【1-6-1　シリアルインタフェースの種類】

ＵＳＢ	ＵＳＢ（Universal Serial Bus）とは、キーボード、マウス、プリンタなど様々な機器を接続するための規格です。１つのポートで最大127台まで接続可能です。 転送速度：USB1.1＝最大12Mbps、USB2.0＝最大480Mbps、USB3.0＝最大5Gbps 転送速度は、接続した機器に応じて変化させることが可能です。例えばマウスなどの接続の際にはそこまでスピードが必要ないですし、ハードディスクなどはスピードが必要です。 ロースピードモード：1.5Mbps フルスピードモード：12Mbps（USB1.1） ハイスピードモード：480Mbps（USB2.0） スーパースピードモード：5Gbps（USB3.0＝USB3.1Gen1＝USB3.2Gen1） スーパースピードモード：10Gbps（USB3.1＝USB3.1Gen2＝USB3.2Gen2） ：20Gbps（USB3.2Gen2x2） 小型端末用に、USB3.1、USB3.2に対応したTYPE-C型が普及しています。 USB3.2Gen2x2は、2023年時点でTYPE-C型のみとなっています
IEEE1394	IEEE1394とは、ＩＥＥＥ（米国電気電子技術者協会）が定めた規格でFireWire（ファイアワイア）とも呼ばれます。最大63台の機器を接続可能です。画像や音声などのデータ転送によく使用されています。転送速度は、毎秒100Mbps、200Mbps、400Mbpsや3.2Gbpsがあります。 デイジーチェーンによる接続が可能です。 後継には、Thunderboltがあります。Thunderbolt4（最大40Gbps）では、コネクタ形状にUSB TYPE-Cと同じものを採用しています。
ＳＡＴＡ	シリアルATA（Serial ATA）とは、パソコンとハードディスク等の記憶装置を接続するためのATA規格の拡張仕様です。もともとパラレル転送方式のものをシリアル転送に変更しました。 ｅ－ＳＡＴＡ（external SATA）と呼ばれる、外付け機器を接続する規格も存在します。

DVI	ＤＶＩ（Digital Visual Interface）とは、主にコンピュータと液晶ディスプレイを接続するインタフェース規格です。
HDMI	ＨＤＭＩ（High-Definition Multimedia Interface）とは、ＤＶＩをもとに音声情報等を伝送可能に改良したインタフェース規格です。
RS232C	RS232C（Recommended Standard 232C）は、1968年に米国電子工業会（ＥＩＡ）が規格化しました。転送速度は毎秒115Kbpsで最大線路長が15mです。ＰＯＳシステムのバーコードリーダなどで利用されています。

【1-6-2　インタフェースの対応機能】

	ホットプラグ※1	プラグアンドプレイ※2	バスパワー※3
ＵＳＢ	○	○	○
IEEE1394	○	○	○
ＳＡＴＡ	○	×	×

※１　電源を切ることなく、接続（プラグ）を抜き差しできる機能
※２　ＯＳがデバイスを自動的に感知して、適切な設定を行う機能
※３　周辺機器を駆動させる電力を、インタフェースを介して供給する機能

2　パラレルインタフェース

パラレルインタフェースとは、複数データを並列的に伝送可能な方式です。シリアルインタフェースに比べ、本来は高速に伝送を行うことが可能となります。現代では、シリアルインタフェースの技術進歩により、シリアルインタフェースの方が高速な場合が多いです。

【1-6-3　パラレルインタフェースの種類】

ＳＣＳＩ	ＳＣＳＩ（Small Computer System Interface）とは、ＡＮＳＩ（米国国家規格協会）が定めた、コンピュータと周辺装置を接続するための規格です。デイジーチェーンによって、最大７台まで接続可能です。
ＩＤＥ	ＩＤＥ（パラレルATA）とは、パソコンとハードディスクを接続する規格で、接続台数は２台までです。拡張規格が普及しています。
セントロニクス（IEEE1284）	セントロニクスとは、パソコンとプリンタを接続する仕様です。パラレルポートの業界標準です。

3　ワイヤレスインタフェース

ワイヤレスインタフェースとは、物理的なケーブルを使わない規格です。

【1-6-4 ワイヤレスインタフェースの種類】

ＩｒＤＡ	赤外線を使用した近距離のデータ通信規格です。
ブルートゥース (Bluetooth)	IEEE802.15規格の無線を使用したデータ接続技術です。障害物があっても通信可能です。2.4GHz帯の周波数を利用して通信します。

Keyword

▶ デイジーチェーン

数珠つなぎのことです。

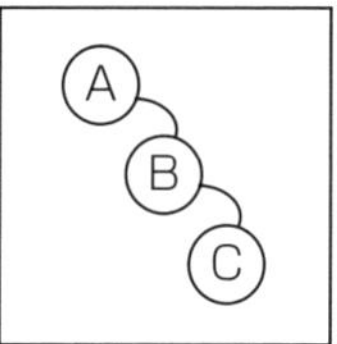

過去問 トライアル解答 ア

☑チェック問題

ＰＣ（パーソナルコンピュータ）にＵＳＢ経由で接続する際は、ホットプラグ機能によりＰＣの再起動を行わなくとも使用することができる。 ⇒○

ハードウェアとソフトウェア

オペレーティングシステム

学習事項 ＯＳの機能，デバイスドライバ

このテーマの要点

オペレーティングシステムの機能を理解しよう

オペレーティングシステム（ＯＳ）には､Windows や MacOS、Unix、Linux、Android など様々な種類があります。これらのＯＳはどのような位置づけにあり、どのような機能を持っているかを理解します。BIOS で行う機能と、アプリケーションで行う機能とをしっかり切り分けてＯＳの機能を整理しましょう。

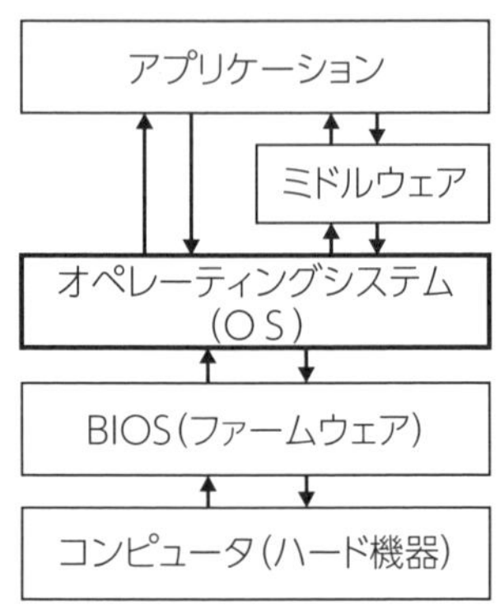

過去問トライアル	平成29年度　第５問
	オペレーティングシステムの機能について
類題の状況	H30-Q2　H28-Q4　H26-Q3　H25-Q2　H24-Q5　H22-Q3　H20-Q3

オペレーティングシステム（ＯＳ）は､制御プログラム､言語プロセッサおよびユーティリティ（サービスプログラムとも呼ばれる）で構成される。

ＯＳの基本機能に関する記述として、最も適切なものはどれか。

ア　言語プロセッサには、コンパイラ、インタプリタなどがある。コンパイラは、高水準言語で記述されたプログラムを機械語のオブジェクトプログラムに変換する言語プロセッサである。

イ　タスク管理とジョブ管理は、制御プログラムの基本機能である。タスク管理は、プログラムの実行単位を１つのタスクとして、その処理順序を監視・制御することであり、ジョブ管理は、タスクを細分化したジョブにCPUや主記憶などの資源をいかに割り付けるかを管理することである。

ウ　デバイスドライバは、入出力装置などを操作・管理するプログラムであり、制御プログラムの中に組み込まれている。従って、新しいデバイスドライバが必要になった場合、ＯＳの再インストールが必要となる。

エ ユーティリティは、制御プログラムおよび言語プロセッサを代替する機能を持ち、これによってＯＳは安定して稼働できるようになる。

1 オペレーティングシステムの位置づけ

オペレーティングシステムの位置づけを理解します。

【1-7-1 オペレーティングシステムの位置づけ】

ＢＩＯＳ	ＢＩＯＳ（Basic Input/Output System）とは、ファームウェアの一種で、コンピュータ機器の接続チェックや制御を行うものです。ＢＩＯＳは、マスクＲＯＭなどのマイクロチップに記録され、コンピュータに搭載されています。コンピュータの電源を入れるとまずはじめに起動するのがＢＩＯＳです。
オペレーティングシステム（ＯＳ）	オペレーティングシステム（ＯＳ）とは、ハードウェアを制御してコンピュータ全体を管理しながら、アプリケーションソフトウェアが効率的に動く環境を実現しています。基本ソフトウェアと呼ばれます。
ミドルウェア	ミドルウェアとは、基本ソフトウェアとアプリケーションソフトウェアの中間的なソフトウェアです。代表例に、DBMS（データベース管理システム）やCASEツール（システム開発支援ツール）などがあります。
アプリケーションソフトウェア	アプリケーションソフトウェアとは、ユーザが直接利用するソフトウェアです。代表例に、ワープロソフトや表計算ソフトなどがあります。

2 オペレーティングシステムの構成

オペレーティングシステムは以下の３つのソフトウェアから構成されています。

【1-7-2 オペレーティングシステムのソフトウェア】

制御プログラム	ハードウェアの機能を有効に活用するためのソフトウェアです。主には、メモリ管理、ジョブ管理、タスク管理、ファイル管理、入出力デバイス管理などです。 ジョブ管理は、ユーザから見た仕事の単位です。タスク管理は、システムから見た仕事の単位です。 ファイル管理では、コンピュータ上のすべてのデータはファイルという単位で管理され、階層式のディレクトリ構成（フォルダ）の中で整理されます。基準となる最も上位のディレクトリをルートディレクトリと呼びます。
言語プロセッサ	言語プロセッサは、プログラム言語を機械語に変換するソフトウェアです。
サービスプログラム（ユーティリティ）	サービスプログラムは、ユーティリティとも呼ばれ、コンピュータ使用の補助的なサービスを提供します。

デバイスドライバは、周辺機器などのデバイスを動作させるためのソフトウェアです。ＯＳがすべてのデバイスをサポートすることができないため、デバイスドライバを使用します。入出力デバイス管理としてデバイスドライバを制御するのもＯＳの役割です。

【1-7-3　デバイスドライバの位置づけ】

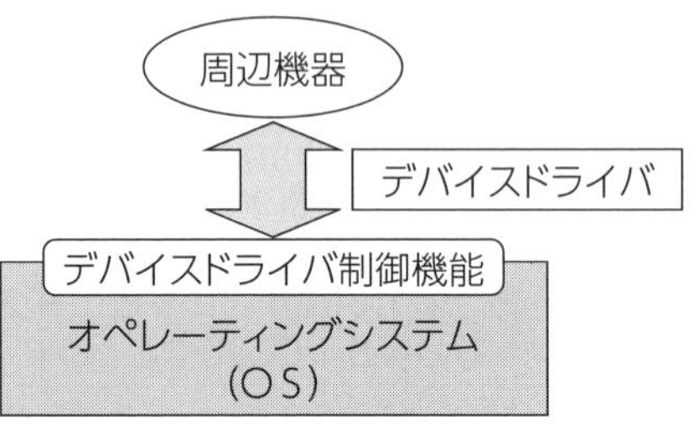

Keyword

▶　ＧＵＩ（Graphical User Interface）

ＧＵＩは、アイコンなど見た目で機能が判断できるような、直観的な操作を可能とした入出力の仕組みのことです。

▶　カーネル

カーネルは、ＯＳの基本機能を実装したソフトウェアで、ＯＳの中核部分をなします。

▶　ファイルシステム

コンピュータ上のデータはすべてファイルという形で管理されています。ファイルシステムは、記憶装置に対してディレクトリ（フォルダ階層）やファイルの管理方法を指定する方式のことです。

過去問 トライアル解答　**ア**

☑チェック問題

Javaはモバイル端末向けのマルチウィンドウ、ネットワーク機能を提供するＯＳである。 ⇒×

▶ Javaは、オブジェクト指向型プログラミング言語、ならびにその実行環境であり、ＯＳではない。Windows、Linux、MacOS Xといった様々なＯＳ上にJavaの実行環境（JavaVM）がインストールされ、その上でJavaコンパイラにより、Javaソースコードから変換されたJavaバイトコードが動作する。これにより、様々なＯＳ、プラットフォーム上で、Javaで記述したプログラムを動作させることができる。

ハードウェアとソフトウェア アプリケーションとミドルウェア

学習事項 汎用ソフトウェア，特定業務ソフトウェア，DBMS

このテーマの要点

アプリケーションとミドルウェアの位置づけを理解しよう

アプリケーションとは、ユーザが直接利用するソフトウェアです。アプリケーションの種類は無数に存在しますが、代表的なものでイメージをつかんでください。

ミドルウェアとは、基本ソフトウェア（オペレーティングシステム）とアプリケーションソフトウェアの中間的なソフトウェアです。ミドルウェアの役割について、概要を理解してください。

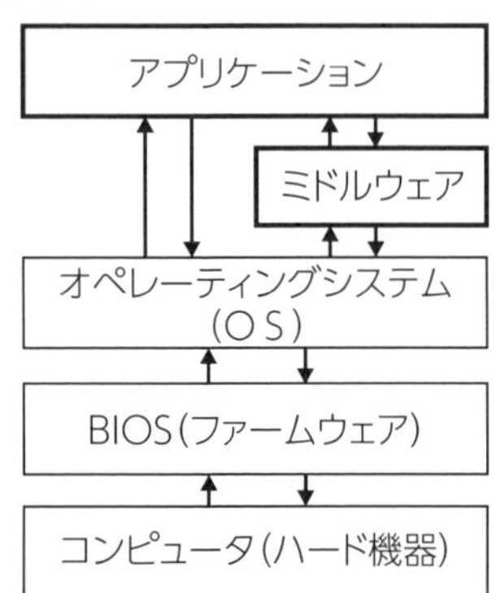

過去問トライアル	平成17年度　第４問
	様々なソフトウェアについて
類題の状況	R03-Q4　R01-Q4　H28-Q5　H24-Q4　H20-Q4　H16-Q9

コンピュータでは、さまざまなソフトウェアが使用されている。このソフトウェアの種類に関する以下の１～３の説明と、それに対応する用語の組み合わせとして、最も適切なものを下記の解答群から選べ。

１　ハードウェアの違いを吸収し、異なるメーカーの機種間でのソフトウェアの移植性や相互接続性を高める機能を持つもので、どの分野でも広く共通して使える基本機能をソフトウェア化したもの。

２　インターネット等からダウンロードすることによって入手が可能で、有償で提供されるが、定められた回数や期間は無償で試用できるソフトウェア。

３　社内のスケジュール管理や掲示板形式の会議など、ネットワークを介して共同作業を行うことを支援するためのソフトウェア。

〔解答群〕

ア　１：ファームウェア　２：シェアウェア　３：オーサリングツール

イ　１：ファームウェア　２：フリーウェア　３：オーサリングツール

ウ　１：ミドルウェア　２：シェアウェア　３：グループウェア

エ 1：ミドルウェア　2：フリーウェア　3：グループウェア

1 アプリケーション

アプリケーション（アプリケーションソフトウェア）は、使用目的により、汎用ソフトウェアと特定業務ソフトウェアに分類することができます。

①汎用ソフトウェア

幅広い業務や業種に共通して利用できるソフトウェアです。例えば、ワードプロセッサ（ワープロ）ソフトや表計算ソフトといった個人向けの一般市販ソフトや、給与計算ソフトや販売管理ソフトといった、多くの企業で行われている普遍的な業務を支援するパッケージ化されたソフトなどがあります。

【1-8-1　表計算ソフトの例】

	A	B	C	D	E	F	G	H	I
1		4月	5月	6月	7月	8月	9月	上半期	月平均
2	東京エリア	200	230	260	220	170	350	1430	238
3	名古屋エリア	100	110	130	150	80	180	750	125
4	大阪エリア	150	140	170	180	120	240	1000	167
5	全社計	450	480	560	550	370	770	3180	530

東京～大阪エリアの４月の売上高を合計する。
<SUM関数>=SUM（B2:B4）

上期における全社計の月平均売上高を算出する。
<AVERAGE関数>=AVERAGE（B5:G5）

【1-8-2　表計算ソフトの機能】

オートフィルタ	すべての列に対してフィルタリング機能を有効にします。特定の条件を満たすデータのみを表示させることができます。
並び替え	昇順・降順による並び替えが可能です。
集計	特定グループごとに小計を計算することが可能です。
ピボットテーブル	縦軸・横軸を入れ替えたり、多次元分析も可能です。データ内の個数や平均値を自動計算することもできます。

また、表計算の機能として、指定のセルの計算式などを他のセルに複写することも可能です。その際、計算式が参照しているセルは自動的に複写の動きと連動してずらしてくれます。このずれる場合を相対参照と呼び、ずらさずに特定のセルを固定で参照する場合を絶対参照と呼びます。絶対参照の際には、「$」マークを使用して固定指示をします。

【1-8-3　相対参照と絶対参照】

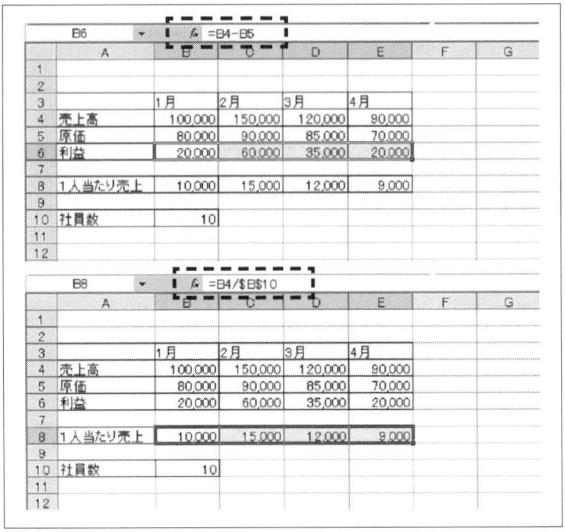

B6　f_x =B4-B5

	A	B	C	D	E	F	G
1							
2							
3		1月	2月	3月	4月		
4	売上高	100,000	150,000	120,000	90,000		
5	原価	80,000	90,000	85,000	70,000		
6	利益	20,000	60,000	35,000	20,000		
7							
8	1人当たり売上	10,000	15,000	12,000	9,000		
9							
10	社員数	10					
11							
12							

B8　f_x =B4/B10

	A	B	C	D	E	F	G
1							
2							
3		1月	2月	3月	4月		
4	売上高	100,000	150,000	120,000	90,000		
5	原価	80,000	90,000	85,000	70,000		
6	利益	20,000	60,000	35,000	20,000		
7							
8	1人当たり売上	10,000	15,000	12,000	9,000		
9							
10	社員数	10					
11							
12							

【1-8-4　表計算ソフトで使用される主な関数】

関数名	使用例	説明
IF関数	=IF(条件式，真の場合，偽の場合)	条件分岐を表現する
カウント関数	=COUNTIF(カウントする範囲，条件)	条件に合う要素の件数を算出
合計関数	=SUM(計算対象の数値)	合計値を算出
平均値関数	=AVERAGE(計算対象の数値)	平均値を算出
キー参照系関数	=VLOOKUP(検索値，範囲，項目列，参照パターン)	検索値をキーとした従属項目を取得

②特定業務ソフトウェア

汎用ソフトウェア以外のソフトウェアであり、特定の業務や業種に応じて構築されています。具体的には、航空管制システムや気象情報処理システムなどが挙げられます。

ＥＲＰ（Enterprise Resource Planning）パッケージソフトは、企業の普遍的な業務をカバーするため汎用ソフトウェアともいえますが、基幹業務に利用範囲を限定していたり、業種や規模別に中身に違いがある場合があるため、特定業務ソフトウェアともいえます。ＥＲＰパッケージソフトとは、財務、人事、生産、物流、販売などの企業の基幹業務を一元管理することで経営資源の全体最適を実現するパッケージソフトです。

パッケージソフトを導入する際は、業務をパッケージに合わせて変化させることが基本です。特殊な業務等でどうしても合わせられない場合は、カスタマイズやＡｄｄＯｎ（アドオン）開発を行うことで、適用させます。

【1-8-5　基幹業務システムの例】

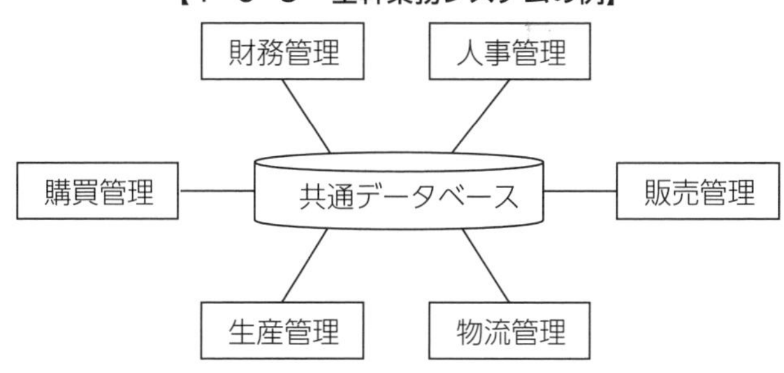

2 ミドルウェア

ミドルウェアには、ある特定の分野において必ず必要とされるような機能（ＯＳほど共通的ではない機能）を提供したり、ハードウェアの違いを吸収して異なるメーカー機種間でソフトウェアの移植性や相互接続性を高めるなどの役割があります。

具体的には、ＤＢＭＳ（データベース管理システム）、ＣＡＳＥツール（システム開発支援ツール）などが挙げられます。

Keyword

▶ ＯＳＳ（オープンソースソフトウェア）

ソースコードが公開されているソフトウェアです。無償公開されている場合が多いです。

過去問 トライアル解答 **ウ**

☑チェック問題

コンピュータ上では各種業務について目的別に利用するアプリケーションソフトウェアと、コンピュータの資源を効率よく利用するためのシステムソフトウェアがある。 ⇒○

ハードウェアとソフトウェア プログラム言語

学習事項 機械語，コンパイラ，インタプリタ，主なプログラム言語，プログラム技術

このテーマの要点

プログラム言語の特徴や活用を理解しよう

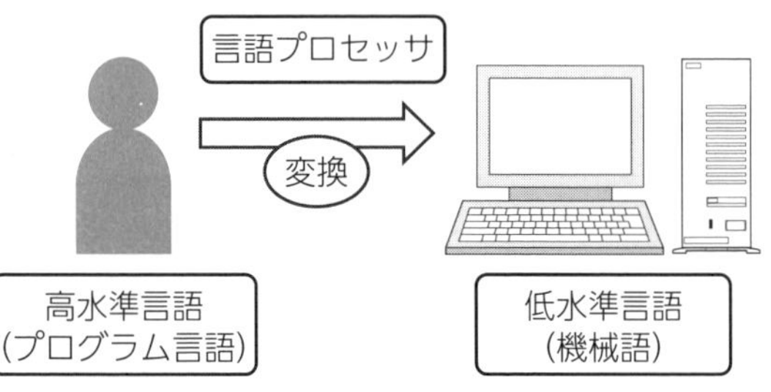

コンピュータに与える命令は、プログラム言語で記述します。コンピュータが理解できるのは機械語だけですが、機械語は人間が見ても理解することはできません。そのため、人間が理解できる高水準言語を低水準言語に変換する言語プロセッサが必要となります。このように、プログラム言語にはいろいろな種類と特徴があるのでしっかりと理解しましょう。

過去問トライアル	平成23年度　第3問 システム開発とプログラム言語
類題の状況	R05-Q3(再)　R04-Q3　R03-Q6　R01-Q3　H30-Q6　H27-Q2　H27-Q3　H27-Q4　H26-Q4　H26-Q8　H25-Q4　H23-Q7　H20-Q6　H19-Q4

近年、情報システムの開発には多様な言語が用いられるようになってきた。それらを適切に使い分けるためには、各言語の特徴を把握しておく必要がある。言語に関する説明として最も適切なものはどれか。

ア　ＣＯＢＯＬは科学技術計算のために開発された手続き型プログラミング言語である。

イ　ＨＴＭＬはWWWで使用されるハイパーテキストを記述するための言語で、ＳＧＭＬの元となっている言語である。

ウ　ＪａｖａはＵＮＩＸ用のテキスト処理用言語として開発されたインタプリタ型言語である。

エ　ＸＭＬはネットワーク上でデータ交換に使用される言語で、近年ではデータベースの開発にも利用されている。

1 低水準言語と高水準言語

低水準言語とは、コンピュータが直接理解できる機械語とそれに近いアセンブリ言語の総称です。

高水準言語とは、人間が理解しやすい形式で記述するプログラム言語です。

2 言語プロセッサ

言語プロセッサとは、機械語以外のプログラム言語を機械語に変換する機能を持つソフトウェアのことです。言語プロセッサには、以下の３種類があります。

アセンブラ	アセンブラとは、アセンブリ言語で記述されたプログラムを機械語に変換するソフトウェアです。
コンパイラ	コンパイラとは、主に手続き型プログラム言語で記述されたプログラムを機械語に変換するソフトウェアです。
インタプリタ	インタプリタとは、プログラム命令を１文ずつ変換しながら実行するソフトウェアです。

3 主なプログラム言語

【1-9-1　主なプログラム言語一覧】

水準	分類	言語プロセッサ	言語	特徴
低水準	―	―	機械語	２進数表現でコンピュータが唯一理解できる言語
		アセンブラ	アセンブリ（アセンブラ）	機械語の命令を１対１で記号に置き換えた言語
高水準	手続き型	コンパイラ	FORTRAN	科学技術計算に適す
			COBOL	事務処理計算に適す
			C	AT&Tベル研究所にてUNIXのソースプログラム用に開発された
		インタプリタ	BASIC	対話型処理で教育用などに使用される。現在では、VB（Visual Basic）が後継となっている
	オブジェクト指向型	コンパイラ	C++	Cをオブジェクト指向に進化させた
		コンパイラ インタプリタ	Java	C++をもとにサン・マイクロシステムズ社が開発 大規模システムで利用される

高水準	スクリプト言語	インタプリタ(サーバ実行)	Perl	テキストやファイル処理を得意とする
		インタプリタ(Webブラウザ実行)	JavaScript	Javaとは別のプログラムで互換性はない
		インタプリタ(サーバ実行)	ＰＨＰ	動的で簡易的なWebページを生成
		インタプリタ(サーバ実行)	Ruby	オブジェクト指向で記述する日本人が開発した言語
		インタプリタ(サーバ実行)	Python	シンプルなコードで書きやすくオブジェクト指向にも対応機械学習などにも応用されている
	マークアップ言語	Webブラウザ	ＨＴＭＬ	Webページを作成
		各プログラム	ＸＭＬ	独自のタグの定義が可能

【1-9-2　ＨＴＭＬのサンプル】

```
<!DOCTYPE HTML PUBLIC "-//W3C//DTD HTML 4.01 Transitional//EN" "http://www.w3.org/TR/ht
<html><!-- InstanceBegin template="/Templates/template.dwt" codeOutsideHTMLIsLocked="fa
<head>
<meta http-equiv="Content-Type" content="text/html; charset=UTF-8">
<!-- InstanceBeginEditable name="doctitle" -->
<title>ＬＥＣ経営情報システム</title>
<link href="css/top.css" rel="stylesheet" type="text/css">
<link href="css/rssReader2.css" rel="stylesheet" type="text/css">
<!-- InstanceEndEditable -->
<script type="text/javascript">

  var _gaq = _gaq || [];
  _gaq.push(['_setAccount', '485-1']);
  _gaq.push(['_setDomainName', 'frng.com']);
  _gaq.push(['_trackPageview']);
</script>
</head>

<body>
//ここに本文を書きます
<div id="wrapper">
  <!-- ヘッダー -->
  <div id="header">
    <h1><a href="http://frontvision-consulting.com"><img src="images/imgTitle.jpg" alt:
    <div id="contact">

    </div>
  </div>

  <!-- ナビゲーションバー -->
  <div id="navbar">
```

【1-9-3　XMLのサンプル】

```xml
<?xml version="1.0" encoding="UTF-8"?>
<urlset xmlns="http://www.sitemaps.org/schemas/sitemap/0.9">
    <url>
        <loc>http://top-page/</loc>
        <lastmod>2014-06-18</lastmod>
        <changefreq>daily</changefreq>
        <priority>1.0</priority>
    </url>
    <url>
        <loc>http://top-page/profile/</loc>
        <lastmod>2013-05-30</lastmod>
        <changefreq>weekly</changefreq>
        <priority>0.5</priority>
    </url>
    <url>
        <loc>http://top-page/profile/introduceCompany.html</loc>
        <lastmod>2013-05-30</lastmod>
        <changefreq>weekly</changefreq>
        <priority>0.5</priority>
    </url>
    <url>
        <loc>http://top-page/service/</loc>
        <lastmod>2014-06-18</lastmod>
        <changefreq>weekly</changefreq>
        <priority>0.5</priority>
    </url>
```

4 ＷＥＢシステムとプログラム言語の関連

【1-9-4　ＷＥＢシステムとプログラム言語の関連図】

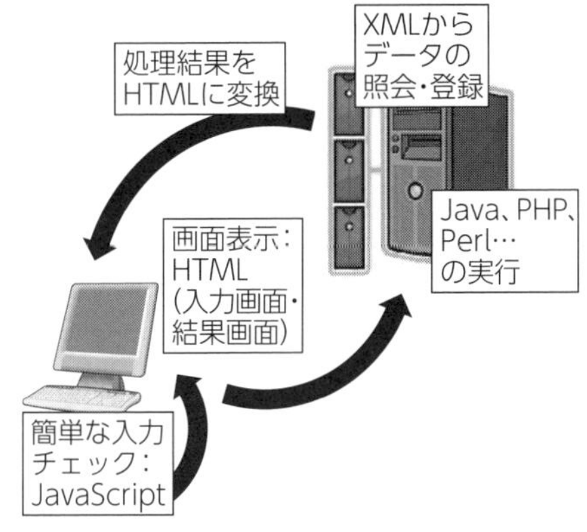

ＷＥＢシステムでは、ＨＴＭＬによってホームページのようにユーザの使用するパソコンで画面表示を行います。その画面からユーザの操作によりサーバと通信し、サーバ上でＪａｖａなどのプログラムが起動します。ＸＭＬに格納されたデータを参照するなどし、プログラム処理が完了すると、処理結果をＨＴＭＬに変換し、ユーザが使用するパソコンへ返し再びブラウザで処理結果を照会するような仕組みとなります。

ＨＴＭＬは静的な表現しかできません。ユーザ操作を受け付けて、それに応じた処理を進めるなどの動的な表現はできません。

動的な処理を行うためには、Ｊａｖａなどのプログラムが必要です。

5 ＷＥＢ系言語の応用

ＷＥＢで使用されるプログラム技術を詳しく見ていきます。

ＣＳＳ	ＣＳＳ（カスケーディングスタイルシート）とは、ＨＴＭＬで記述するデザイン部分を別切り出しにしたものです。文字フォント・色・大きさ、背景や配置などを定義します。
ＡＳＰ	ＡＳＰ（Active Server Pages）は、マイクロソフトが開発したＨＴＭＬとＶＢスクリプトなどのスクリプト言語を組み合わせた動的なＷＥＢページを作るための技術です。マイクロソフトが提供している .NET（ドットネット）と呼ばれるＷＥＢアプリケーションの開発環境とセットに運用することができ、ＡＳＰ．ＮＥＴとして一体化した技術が存在します。
Ａｊａｘ	Ａｊａｘ（エイジャックス：Asynchronous JavaScript + XML）とは、ＤＨＴＭＬの具体的な技術です。毎回サーバと通信することなく非同期の状態で動的なＷＥＢページを表現します。

Keyword

▶ ＨＴＭＬ（HyperText Markup Language）

ＨＴＭＬは、ホームページを記述するための言語です。事前に定義されたタグを利用し、規約に基づいた形式で記述します。

▶ ＸＭＬ（eXtensible Markup Language）

ＸＭＬは、ＨＴＭＬの拡張形式で、タグを独自に定義することができます。データの格納などの用途に利用されることが多いです。

過去問 トライアル解答 **エ**

☑チェック問題

Javaは、ＵＮＩＸのシステム記述言語である。 ⇒×

▶ Ｃ言語の説明である。Javaは、Ｃ＋＋をもとに作ったオブジェクト指向型のプログラム言語で、ＷＥＢ系の開発言語としてよく利用されている。

MEMO

ハードウェアとソフトウェア

データ構造とアルゴリズム

学習事項 変数，配列，リスト構造，スタック，キュー，整列（ソート），検索（サーチ）

このテーマの要点

主なデータ構造とアルゴリズムを把握しよう

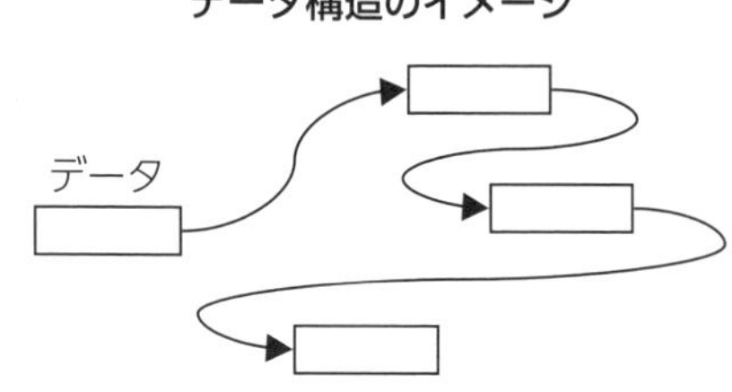

コンピュータの記憶装置上には大量のデータが格納されています。これらのデータが格納されている配置のことを、データ構造といいます。必要なデータを素早く取り出すなど、効率のよいデータ処理を行うためには、適切なデータ構造が必要となります。アルゴリズムとは、コンピュータが行う処理の手順のことです。基本的なアルゴリズムとして、整列（ソート）、検索（サーチ）、文字列処理、集計、ファイル処理などがあります。

過去問トライアル	平成21年度　第5問
	データの配列について
類題の状況	R02-Q8　H29-Q6　H27-Q5　H26-Q5　H25-Q5　H18-Q5

社員表（氏名、年齢、住所、標準給与月額）のデータが配列に格納されている。このデータの操作に関する記述として、最も不適切なものはどれか。

ア　社員表のデータは一次元の配列では処理できないので、二次元の配列を利用する。

イ　社員表の中の１つの項目、例えば年齢を対象に並べ替えを行うと、最初に入力したデータ順に戻せなくなる場合がある。

ウ　データ検索を二分探索法で行いたい場合は、検索対象の項目をキーとしてあらかじめ並べ替える必要がある。

エ　配列において、社員表のデータの他に項目ごとにリスト構造を設け、画面に表示させる際にリスト構造を利用して並び順を変えて表示させれば、元のデータの順番を変えなくても済む。

1 データ構造

主要なデータ構造を以下に示します。

変数	データを格納しておく記憶装置上の「箱」のことです。例えば、「売上高」や「単価」といった値を格納します。
配列	同じ種類の変数添え字（1、2、3、・・・など）を付けて並べたデータ構造です。例：売上高［1］、売上高［2］、売上高［3］、・・・ 売上高［1］、売上高［2］のような形式の配列を一次元配列といい、売上高［1，1］、売上高［1，2］のような形式の配列を二次元配列といいます。（二次元配列は、表計算ソフトで、行と列の組み合わせでセルのデータを指定するイメージです。）
リスト構造	データを格納するデータ部と、データの格納場所（アドレス）を示すポインタ部で構成されたセルを単位としたデータ構造です。ポインタをたどることで、データを取り出すことが可能となります。
スタック、キュー	スタックは、最後に格納したデータを先に取り出すデータ構造です。この処理方式を、後入れ先出し法（ＬＩＦＯ）といいます。スタック（Stack）において、データを格納することをプッシュ（push）、データを取り出すことをポップ（pop）といいます。 キューは、最初に格納したデータを先に取り出すデータ構造です。この処理方式を、先入れ先出し法（ＦＩＦＯ）といいます。キュー（Queue）において、データを格納することをエンキュー（enqueue）、データを取り出すことをデキュー（dequeue）といいます。

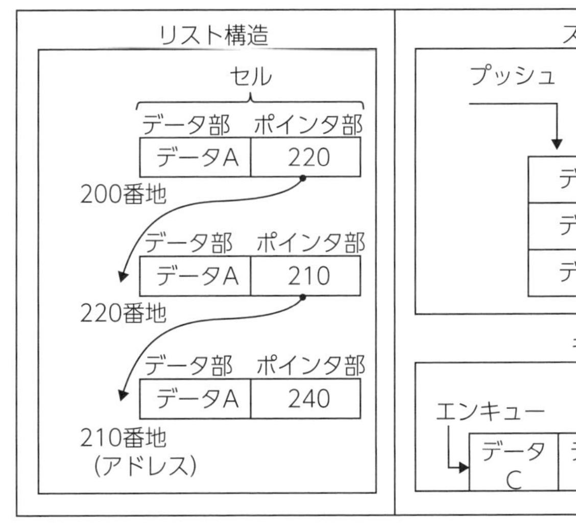

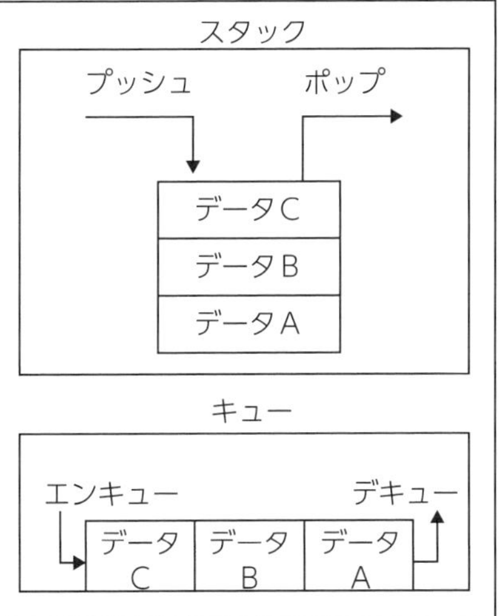

2 アルゴリズム

基本的なアルゴリズムを以下に示します。

条件分岐	「YES」「NO」に従って別々の処理を実施します。
繰り返し（ループ）	同じ処理を繰り返します。データ1、データ2、データ3・・・と処理し、繰り返しの終了条件が必要です。
整列（ソート）	データを並べ替えることです。大きいデータから並べることを降順、小さいデータから並べることを昇順といいます。ソートの方法には、選択ソートやバブルソートなどがあります。 選択ソートのイメージ 先頭 最小 2 1 5 4 3 交換 先頭 最小 1 2 5 4 3 交換 1 2 3 4 5 バブルソートのイメージ 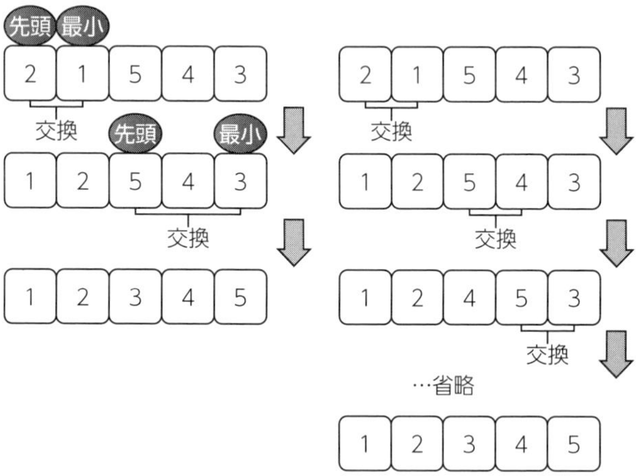 2 1 5 4 3 交換 1 2 5 4 3 交換 1 2 4 5 3 交換 …省略 1 2 3 4 5
検索（サーチ）	必要なデータを探し出すことです。検索の方法には、線形探索法（シーケンシャルサーチ）、2分探索法（バイナリサーチ）、ハッシュ法などがあります。
文字列処理	全体から特定の文字列を探す文字列探索、特定の文字列を別の文字列に置き換える文字列置換などがあります。
ファイル処理	2つ以上のファイルの突合せ処理（マッチング）や併合処理（マージ）、1つのファイル内でのグループ集計などがあります。

Keyword

▶ **線形探索法（シーケンシャルサーチ）**

線形探索法とは、先頭から順番に探索したい値を探していく方法です。事前にデータの並べ替えの必要はありません。

▶ **2分探索法（バイナリサーチ）**

2分探索法とは、昇順または降順に並べられたデータ群について、探索したい値がデータ群の中央値より大きいか小さいかを判断しながら、探索の範囲を狭めていく探索方法です。

▶ **ハッシュ法**

ハッシュ法とは、探索する値をハッシュ値という整数などに置き換えて比較することで探索する方法です。

過去問 トライアル解答　ア

☑チェック問題

売上高の平均を求める処理手順では、売上高データがあらかじめ大きい順または小さい順に並べ替えられていた場合の方が、並べ替えを行っていない場合に比べ、プログラムの平均処理速度は速い。 ⇒×

▶ 売上高の平均を求める処理手順では、合計値を求めるためにすべての売上高データを集計しなければならない。そのため、あらかじめ並べ替えられているかどうかは、プログラムの平均処理速度に影響しない。

システム構成と処理方式

システムの処理形態

学習事項 集中処理，分散処理，クライアントサーバシステム，処理形態の種類

このテーマの要点

処理形態の分類からクライアントサーバシステムを理解しよう

処理形態を、処理のタイミングで分類すると、バッチ処理とリアルタイム処理に分けられます。処理のロケーションで分類する場合は、集中処理と分散処理に分けられます。分散処理には、クライアントサーバシステム（２層と３層）があります。これらの処理形態による違いを理解しましょう。

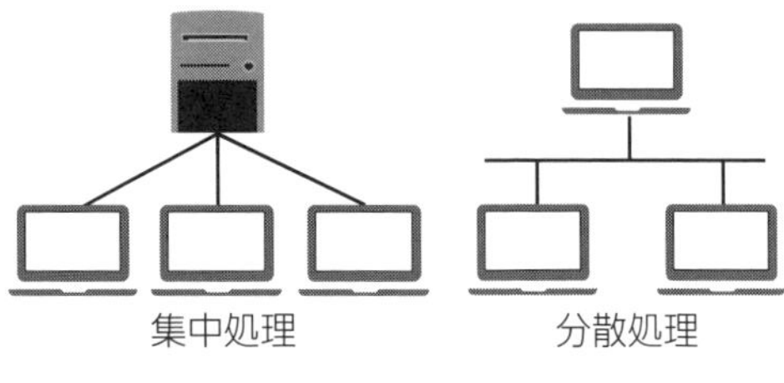

過去問トライアル	平成22年度　第６問 クライアントサーバシステムについて
類題の状況	R02-Q4　R01-Q6　R01-Q7　H25-Q6　H25-Q21　H24-Q7　H18-Q6

クライアントサーバシステムは業務処理用システムとしても利用されている。クライアントサーバシステムの一種に、プレゼンテーション層、ファンクション層、データ層から構成される３層クライアントサーバシステムがある。この３層クライアントサーバシステムに関する記述として最も適切なものはどれか。

ア　３層クライアントサーバシステムを構築する際、一方のコンピュータをファンクション層、他方をデータ層として構成したものがデュアルシステムである。

イ　Webサーバの負担軽減のために、一方のコンピュータでファンクション層としてWebアプリケーションサーバを、他方でデータ層としてデータベースサーバを稼働させるタイプも３層クライアントサーバシステムの一種である。

ウ　プレゼンテーション層において、ユーザからの入力受付機能としてタッチパネル方式を利用することによって、ユーザインタフェースの向上とともに、ファンクション層での処理量の軽減が期待できる。

エ　プレゼンテーション層、ファンクション層、データ層は論理的な区分であり、実装する場合はファンクション層とデータ層は同一のコンピュータ上で稼働させる必要がある。

1 処理形態

ロケーションによる分類。

処理分類	説明	長所	短所
集中処理	1台の大型コンピュータ（サーバ）で集中的に処理を進める方式です。複数のクライアントをつなげるのが一般的です。	大容量の処理を行うことができます。 プログラムなどの資源管理が容易です。	一括処理を行うコンピュータの負荷が大きいです。故障が発生するとすべての業務がストップします。
分散処理	複数のプロセッサやコンピュータをつなげ、それぞれで分散しながら処理を行う方式です。	負荷を分散することで、コンピュータの処理能力が向上します。 故障時のリスクが小さいです。	障害の原因究明が複雑化します。

タイミングによる分類。

処理方法名	説明	分類
バッチ処理	処理プログラムをデータと一緒に遠隔地に送付して一括処理をする方法です。	集中処理
リアルタイム処理	多数のユーザを一度にインタラクティブ処理できる方法です。 この処理をトランザクションごとに実施するものを、ＯＬＴＰ（On-Line Transaction Processing：オンライントランザクション処理）といいます。	集中処理 分散処理

処理方法による分類。

処理方法名	説明	分類
クライアントサーバシステム	サーバとクライアントというコンピュータの単位で処理を分担して行う方法です。	垂直分散処理
ピアツーピア（PtoP）	サーバを用意せずに、個々のパソコン端末等を直接接続する方法です。	水平分散処理

2 クライアントサーバシステム

クライアントサーバシステムには、2層クライアントサーバシステムと3層クライアントサーバシステムがあります。2層クライアントサーバシステムは、サーバとクライアントのみの形態で、クライアント側にアプリケーションプログラムを保有させます。

3層クライアントサーバシステムは、以下の図のようになります。

【1-11-1　3層クライアントサーバシステム】

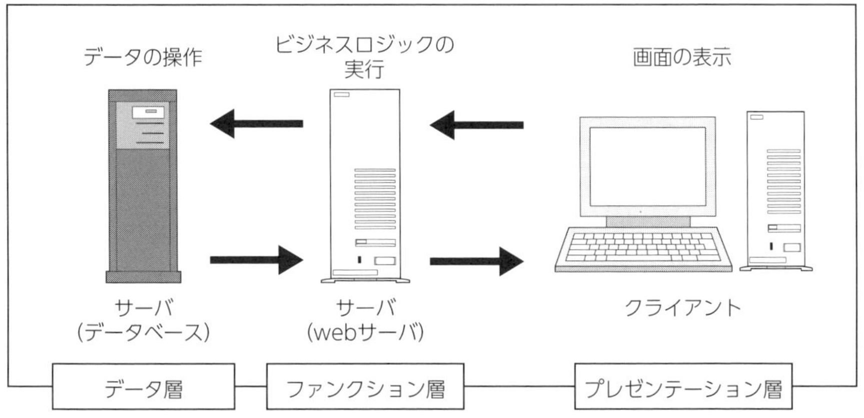

データ層とファンクション層のサーバを、2台のサーバのように物理的に分けることも、1つのサーバ内で論理的に分けることもできます。

OnePoint　サーバの種類

▶ AP（アプリケーション）サーバ

主にアプリケーションプログラムが実行されるサーバです。

▶ DB（データベース）サーバ

主にデータが蓄積されるデータベースを構築するためのサーバです。

▶ WWW（Web）サーバ

主に閲覧用のホームページ関連のファイルを格納するサーバです。

▶ ファイルサーバ

主に社内文書を格納し、共有するためのサーバです。

Keyword

▶ グリッドコンピューティング

ネットワーク上で複数のコンピュータ同士をつなぎ、仮想的な１台の高性能コンピュータを実現するシステムの方式です。分散処理の形態の一種といえます。

▶ クラスシステム（クラスタリング）

複数のコンピュータを直接、密結合でつなぎ、仮想的な１台のコンピュータとして処理を行う仕組みです。

▶ シンクライアント

クライアントに最低限の機能しか持たせない考え方で、アプリケーションやデータ等をサーバで管理する集中処理の一種です。

過去問 トライアル解答 **イ**

☑チェック問題

集中処理システムに比べてクライアントサーバシステムでは、サーバとクライアントに役割の異なる機能を分担させるので、レスポンスタイムが向上し、信頼性も高くなる。 ⇒×

▶ クライアントサーバシステムでは、ハードウェアや機能が分散し集中処理システムに比べて構成が複雑になる。そのため、信頼性の面では集中処理システムより劣る場合がある。また、ネットワークの転送速度が遅いと、レスポンスタイムなどの応答速度が低下する場合がある。

12 システム構成と処理方式 Ｗｅｂコンピューティング

学習事項 Java, XML, Web2.0, SEO

このテーマの要点

Ｗｅｂコンピューティングとその技術を理解しよう

インターネットの発展に伴い、Ｗｅｂコンピューティングが重要視されています。Ｗｅｂコンピューティングでは、Java やＸＭＬ、ＨＴＭＬなどの言語知識や、サービスの種類などを理解する必要があります。また、Ｗｅｂ 2.0 などインターネットを発展させた新たなサービスに関する知識についても理解していきましょう。

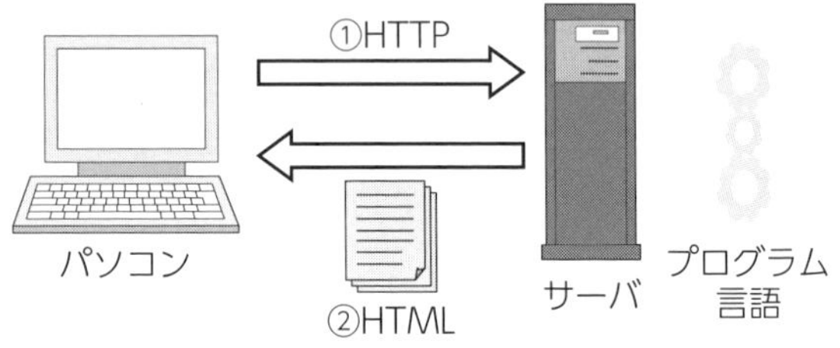

過去問トライアル	平成29年度　第７問
	検索サイト
類題の状況	H25-Q14　H20-Q6　H20-Q17

Ｗｅｂコンテンツを多くのネット利用者に閲覧してもらうためには、検索サイトの仕組みを理解して利用することが重要である。

それに関する以下の文章の空欄Ａ～Ｄに入る語句の組み合わせとして、最も適切なものを下記の解答群から選べ。

検索サイトは、インターネット上にあるＷｅｂサイト内の情報を［　Ａ　］と呼ばれる仕組みで収集し、検索用のデータベースに登録する。

検索サイトに対して利用者からあるキーワードで検索要求が出された場合、検索サイトは、独自の［　Ｂ　］によって求めた優先度をもとに、その上位から検索結果を表示している。

Ｗｅｂサイト運営者は、Ｗｅｂコンテンツの内容が検索結果の上位に表示されるような施策を行う必要があり、［　Ｃ　］対策と呼ばれる。これにはブラックハット対策と［　Ｄ　］対策がある。

〔解答群〕

ア　Ａ：ガーベージ　　Ｂ：アルゴリズム　　Ｃ：ＳＥＲＰ　　Ｄ：ホワイトハット

イ	Ａ：クローラ	Ｂ：アルゴリズム	Ｃ：ＳＥＯ	Ｄ：ホワイトハット
ウ	Ａ：クローラ	Ｂ：ハッシュ	Ｃ：ＫＧＩ	Ｄ：ブルーハット
エ	Ａ：スパイダー	Ｂ：メトリクス	Ｃ：ＳＥＭ	Ｄ：グレーハット

1 Ｗｅｂ１.０→２.０→３.０

Ｗｅｂ1.0とは、Ｗｅｂが登場した初期の概念で、ホームページを閲覧するなど一方通行の使い方を表します。

Ｗｅｂ2.0とは、Ｗｅｂ上での双方向コミュニケーションの実現などＷｅｂ関連技術やサービスの総称です。以下のようなものが代表例です。

ウィキ	ウィキ（Wiki）は、簡単にＷｅｂページの編集等を行うＷｅｂコンテンツ管理システムのことです。「ウィキペディア」が代表例です。
ブログ	ブログ（blog）は、ウェブログの略で日記的なＷｅｂサイトの総称です。
ＲＳＳ	ＲＳＳ（Rich Site Summary）は、Ｗｅｂ上の最近記事の概要を表現するＸＭＬベースのフォーマットのことです。ＲＳＳリーダーを使うことで最近記事を集めることができます。
ＳＮＳ	ＳＮＳ（Social Networking Service）とは、人と人のつながりを促進・サポートするコミュニティ型のＷｅｂサイトのことです。

Ｗｅｂ3.0とは、ブロックチェーン技術などを活用して、Ｗｅｂを管理するプラットフォーム事業者などを不要とする結び付きを実現する技術や概念です。ＮＦＴ（Non-Fungible Token）の活用や、スマートコントラクトなどの実現に期待が持たれています。

Keyword

▶ ブロックチェーン
分散型台帳とも呼ばれ、端末同士を直接結び付けて、取引履歴情報などを相互に分散管理する仕組み。仮想通貨（暗号資産）などで活用されています。

▶ ＮＦＴ（Non-Fungible Token）
非代替性トークンと呼ばれるもので、ブロックチェーン技術を活用し、デジタルデータを唯一無二のものとして識別可能にできる技術です。

▶ スマートコントラクト
ブロックチェーン上で、契約を自動で管理・実行する仕組みです。

2 インターネット検索技術

インターネット上で、Ｗｅｂページを見る際には検索エンジンを利用するのが通常です。企業のプロモーション活動としても、検索エンジンで上位表示されることが重要であり、特定のキーワードで上位表示されるためにする対策を、ＳＥＯ（検索エンジン最適化）といいます。マーケティング戦略としてＳＥＯを駆使した手法を展開することを、ＳＥＭ（検索エンジンマーケティング）といいます。

検索エンジンも本来あるべきＷｅｂサイトが上位表示されることを望んでいるので、検索対策にも特定のルールを設けています。このルールに基づいた対策を、ホワイトハックＳＥＯと呼び、基づいていない対策をブラックハックＳＥＯと呼びます。ブラックハックＳＥＯが検索エンジン側に判明すると、検索対象から除外されるなどのペナルティを受けます。

検索エンジンには、ロボット型検索とディレクトリ型検索の２種類があり、現状ではGoogleに代表されるロボット型検索が一般的です。ロボット型検索では、世界中の公開されているＷｅｂサイトをクローラと呼ばれるプログラムが巡回し、自動的にデータベース化していきます。

Keyword

▶ Javaアプレット

Javaアプレットとは、ＷｅｂサーバからダウンロードされＷｅｂブラウザの画面上で実行するJavaプログラムのことです。

▶ Javaサーブレット

Javaサーブレットとは、Ｗｅｂサーバ上で実行するモジュール化されたJavaプログラムのことです。

▶ ＷＳＤＬ（Web Service Description Language）

ＷＳＤＬとは、Ｗｅｂサービスの機能や利用方法などを定義するもので、ＸＭＬを基準とした言語仕様のことです。

▶ ＸＢＲＬ（eXtensible Business Reporting Language）

ＸＢＲＬとは、各種財務報告用の情報を作成・流通・利用できるように標準化されたＸＭＬベースの言語です。

▶ ソーシャルメディア

インターネットを利用することで誰でも気軽に情報を発信できるメディアのことです。ブログやＳＮＳがこれにあたります。企業において、プロモーション戦略の一環として注目されています。

3 インターネットの商業利用

インターネットが企業や一般消費者に爆発的に普及するのに伴い、インターネットを活用して様々なシステムが開発されました。

電子商取引（ＥＣ）	インターネットを利用した商取引のことを指します。商品の受発注や電子マネーやクレジットカードによる決済を行います。
電子市場（ｅマーケットプレイス）	Ｗｅｂサイトを通じて、売り手と買い手を結び付けるシステムです。
Ｗｅｂ-ＥＤＩ (Electronic Data Interchange)	インターネットとＷｅｂブラウザを使用し、企業間における商取引に必要なデータを電子的に交換する仕組みです。

過去問 トライアル解答 

☑チェック問題

メッセージ交換をＸＭＬで行い、通信はＳＯＡＰのデータおよび命令交換ルールに従って行う仕組みはＷｅｂサービスである。 ⇒○

第1分野　ハード・ソフトウェアの基礎知識

13 ファイルとデータ形式
データ形式

学習事項 ファイルの種類・編成，データ形式

このテーマの要点

ファイルの概要とデータ形式を覚えよう

ファイルには、文書ファイルやアプリケーションのファイル、画像ファイルなどがあります。そのファイルの種類や編成を覚えます。また、データ形式として様々な種類がありますので、体系的に覚えていきましょう。

固定長

可変長

LEC, ｼﾝﾀﾞﾝｼ, ｼﾞｮｳﾎｳ

過去問トライアル	平成21年度　第9問 マルチメディアデータの形式
類題の状況	R05-Q7　R01-Q10　H30-Q3　H28-Q7　H26-Q8　H20-Q7

コンピュータの利用によって、画像、音楽、動画などを利用したプレゼンテーション用資料の作成が行われるようになっている。このようなマルチメディアデータを扱うために複数のデータ形式が存在する。それらの特色に関する記述として最も適切なものはどれか。

ア　ＧＩＦ、ＰＮＧは静止画像を扱うデータ形式で、データの圧縮を行って保存する。これらのデータ形式は、元のデータが完全に再現できる可逆圧縮方式を採用しているので、圧縮したデータを元に戻した場合、画像の劣化が起こらない。

イ　ＪＰＥＧ、ＴＩＦＦ、ＭＩＤＩは静止画像を扱うデータ形式で、ワープロソフト上でこれらのデータを取り込んで表現力の高いプレゼンテーション用資料を作成することができる。

ウ　ＭＰＥＧ１、ＭＰＥＧ４、ＭＰ３は動画を扱うデータ形式で、Ｗｅｂブラウザによってダウンロードする際は、ストリーミング方式によりデータをダウンロードしながら視聴することができる。

エ　ＷＡＶＥ、ＷＭＡ、ＢＭＰは音声や音楽などを扱うデータ形式で、データの圧縮を行って保存する。インターネット上での音楽配信によく利用される。

1 ファイルの種類

分類	ファイル	説明
用途	マスタファイル (基本ファイル)	マスタファイルとは、基本となるファイルで、他のファイルから参照されます。
	トランザクションファイル (変動ファイル)	トランザクションファイルとは、逐次発生する情報処理の内容を記録します。
	作業ファイル	作業用として一時的に利用します。
利用期間	永久ファイル	廃棄されません。マスタファイルなどです。
	一時ファイル	一時ファイルは、ある目的のために一時的に利用されます。トランザクションファイル、作業ファイルなどです。
目的	プログラムファイル	コンピュータが実行する命令が格納されたファイルです。
	データファイル	データが格納されたファイルです。
データ形式	バイナリファイル	バイナリファイルは、0と1の1ビットで表現された2進数のファイルです。
	テキストファイル	テキストファイルは、文字情報のみで作成されたファイルです。

2 データ形式

分類	形式名	説明
文字データ	ASCIIコード	ASCII（American Standard Code for Information Interchange）コードとは、8ビットの文字コードで英数字などを表現します。
	SJISコード	SJIS（シフトJIS）コードとは、漢字を含むすべての文字を16ビットで表現します。
	Unicode	Unicodeとは、世界各国の文字を1つの文字コードで統一したもので、すべて16ビットで表現します。
画像データ (ラスタ形式)	BMP	BMP（bitmap）とは、Windowsの標準的なファイル形式で、圧縮を行いません。
	GIF	GIF（Graphics Interchange Format）とは、可逆圧縮した形式で、最大256色を表現できます。動く絵文字などのアニメーション機能があります。

画像データ	ＪＰＥＧ	ＪＰＥＧ（Joint Photographic Experts Group）とは、ISOにより標準化された圧縮技術です。 フルカラー（1,670万色）の表現が可能です。 非可逆圧縮で圧縮前のデータに戻せません。
	ＰＮＧ	ＰＮＧ（Portable Network Graphics）とは、可逆圧縮の画像フォーマットです。可逆圧縮のため、ＪＰＥＧと比較するとファイルサイズが大きくなります。
画像データ (ベクター形式)	ＳＶＧ	ＳＶＧ（Scalable Vector Graphics）とは、画像の表現方法を記録し、ＸＭＬの規格に合わせたものです。
動画データ	ＭＰＥＧ	ＭＰＥＧ（Moving Picture Experts Group）とは、動画や音声を圧縮する技術規格のことです。
	ＭＰ４	ＭＰＥＧ４やＭＰ３などのファイルを格納できるファイルコンテナです。
音声データ	ＭＰ３	ＭＰ３（MPEG1 audio layer-3）とは、MPEG1の音声圧縮規格の１つです。12分の１程度に圧縮が可能です。
	ＭＩＤＩ	ＭＩＤＩ（Musical Instrument Digital Interface）とは、電子楽器の演奏データを交換するための国際規格になります。カラオケや着メロなどにも利用されています。

OnePoint　ＭＰＥＧの種類

- ＭＰＥＧ１

主にビデオＣＤで使用します。(圧縮率：低)

- ＭＰＥＧ２

主にＤＶＤで使用します。(圧縮率：中)

- ＭＰＥＧ４

主にネットワーク配信や携帯電話用で使用します。(圧縮率：高)

Keyword

- ＣＳＶ（Comma Separated Value）

ＣＳＶとは、カンマ（,）で区切ったテキスト形式のファイルのことです。

- ＴＳＶ（Tab Separated Value）

ＴＳＶとは、タブで区切ったテキスト形式のファイルのことです。

▶ ＶＳＡＭ（Virtual Storage Access Method）編成ファイル

ＶＳＡＭ編成ファイルとは、仮想記憶方式のＯＳ上で利用されるファイル編成のことです。

▶ ファイル拡張子

拡張子は、ファイル名の後に付く、「.」（ドット）の後の文字列です。テキストであれば「.txt」、ＣＳＶであれば「.csv」のようになります。コンピュータが判断するファイルの種類は、拡張子で決定されます。

▶ ストリーミング

ストリーミングとは、インターネット上から動画等のデータをダウンロードしながら再生する技術です。

過去問 トライアル解答 ア

☑チェック問題

文字コードにはＪＩＳ、シフトＪＩＳ、ＥＵＣなど、体系の異なるものが存在するが、ＯＳはこれらを自動判別し、常に正しい画面表示を行う機能を有する。

⇒×

▶ 文字コードの判別は、アプリケーション・ソフトウェアによって行われる。例えば、インターネット上では閲覧するホームページによっては文字コードが異なり、Ｗｅｂブラウザでホームページを閲覧したときに文字が正しく表示されないときがある。このときＷｅｂブラウザを操作して、画面表示に使う文字コードの体系を変えると正しく表示される。

MEMO

第2分野

システム構築と信頼性確保

テーマ別ガイダンス

システム構築と信頼性確保

1 各テーマの関連

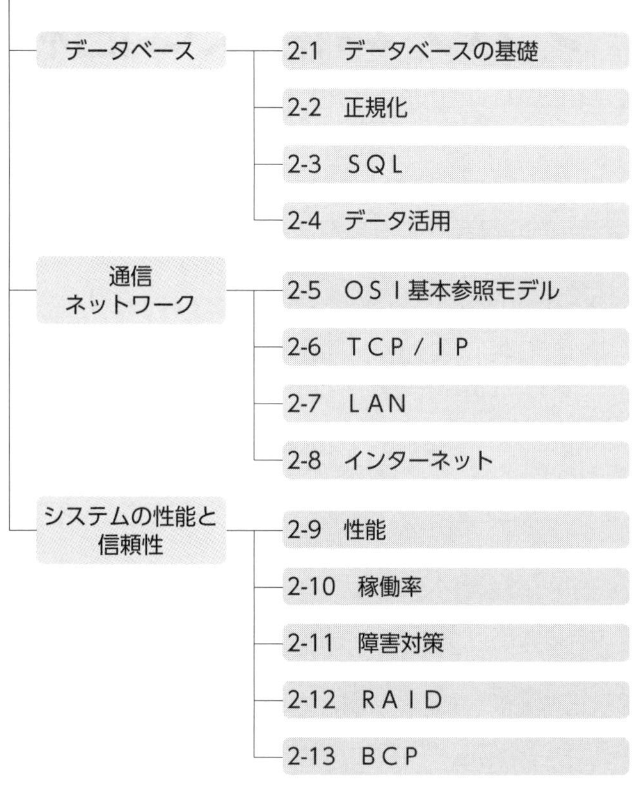

システム構築と信頼性確保の分野では、データベースやネットワークがどのように構築され、活用されているのかについて学習します。そして、その構築したシステムの信頼性をどのようにして確保するのかを学習します。

データベースでは、まずデータベースの概要を押さえていただき、設計方法と活用方法を学習します。データベースそのものの知識だけでなく、データ活用やビッグデータにもつながる重要な論点です。

ネットワークでは、ＯＳＩ基本参照モデルを前提に、構成要素を学習していきます。システムの信頼性では、稼働率の計算方法や障害対策の手法について学習します。

2 出題傾向の分析と対策

① 出題傾向

#	テーマ	H26	H27	H28	H29	H30	R01	R02	R03	R04	R05
2-1	データベースの基礎			2	1		1	1			
2-2	正規化		1			1		1			1
2-3	ＳＱＬ	1	1		1	1				1	
2-4	データ活用				1		1		1	1	1
2-5	ＯＳＩ基本参照モデル			1			1				1
2-6	ＴＣＰ／ＩＰ	1	1			1				1	
2-7	ＬＡＮ	1	1	1				1		1	1
2-8	インターネット	1		1	1		2			1	1
2-9	性能		1		1					1	
2-10	稼働率				1	1	1				
2-11	障害対策	1	1						1		1
2-12	ＲＡＩＤ										
2-13	ＢＣＰ					1					

② 対策

システム構築と信頼性確保の分野においては、データベースと通信ネットワークの出題数が多くなります。経営情報システムの科目全体から考えても、データベースと通信ネットワークの量は大きな比率を占めていますので、しっかりと時間をかけて学習してください。

対策として、データベースにおいては、種類や特徴に加えてＳＱＬも出題の可能性がありますので、重要度をしっかり意識して学習してください。

ネットワークにおいては、最近では問題文の中に図が使われ、その図を意識しながら解答を導くタイプの出題が増えています。図を見てすばやく理解を可能にするために、単純な用語の暗記でなく、イメージ作りをしっかりとできるように心がけてほしいです。

システムの信頼性においては、特に障害対策の重要性が高まっているので、地震などの災害が発生した場合の対処や予防法をしっかりと学習してほしいです。

MEMO

1 データベース
データベースの基礎

学習事項 リレーショナルモデル，DBMS，ER図，XMLデータベース，KVS

このテーマの要点

データベースとは何か、その概要について理解しよう

データベースの基本として、まずデータベースが置かれている位置づけを理解しましょう。データベースは、データを蓄積する部分です。そのデータは、プログラムなどをためるリポジトリと呼ばれる部分と、顧客情報などの値をためるテーブルと呼ばれる部分に分かれています。

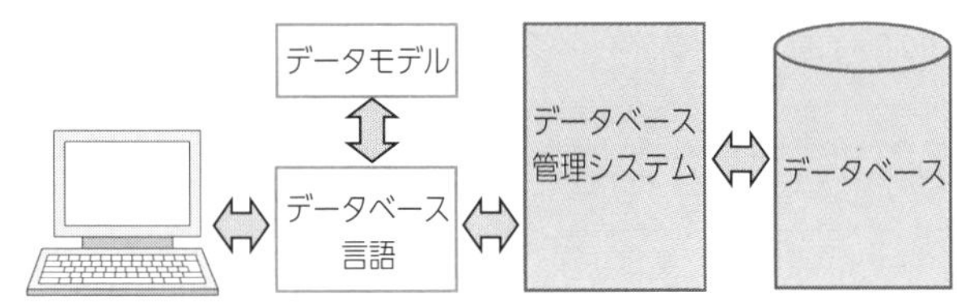

過去問トライアル	令和2年度　第7問 ACID特性
類題の状況	R01-Q9　H29-Q9　H28-Q8　H28-Q9　H25-Q8　H24-Q9 H23-Q9　H21-Q7

データベースのデータ処理では、アプリケーションにおけるひとまとまりの処理単位を「トランザクション」と呼ぶ。たとえば、ある消費者の口座からある小売店の口座に振込送金する場合、(1)消費者の口座残高から振込金額を引き、それを新しい口座残高にすることと、(2)小売店の口座残高に振込金額を足し、それを新たな口座残高にすること、という２つの更新処理が必要になる。このような出金処理と入金処理をまとめて扱う必要がある場合が「トランザクション」の例である。

トランザクションの処理には、一般にＡＣＩＤ特性（Atomicity, Consistency, Isolation, Durability）と呼ばれる技術的に満たすべき要件がある。

ＡＣＩＤ特性に関する記述として、最も適切なものはどれか。

ア　システムに異常が発生したときに、ログなどを用いて異常発生前の状態にまで復旧できることを保証しなければならない。このような特性を「独立性（Isolation）」という。

イ　データの物理的格納場所を意識することなくトランザクションの処理が実行される必要がある。このような特性を「耐久性（Durability）」という。

ウ　トランザクションを構成する全ての処理が正常に終了したときだけ、処理結果

をデータベースに反映する必要がある。このような特性を「原子性（Atomicity）」という。

エ 複数のトランザクションを処理する際には、各トランザクションを逐次的に実行する場合と同時に実行する場合で、処理結果が同じである必要がある。このような特性を「一貫性（Consistency）」という。

1 リレーショナルモデル

【2-1-1 データベースの種類】

名称	説明
リレーショナルデータベース	表形式のデータベースで項目ごとに列を分ける構造型データの形式となります。
ＮｏＳＱＬ（Not Only SQL）	リレーショナルデータベース以外のデータベースで、ＸＭＬデータベース（後述「3 ＮｏＳＱＬ」）などがあります。非構造型データの形式となります。
その他	階層型モデルやネットワーク型モデルがあります。

【2-1-2 データベースのモデル】

	親子関係	関係数
階層型モデル	○	1対多
ネットワーク型モデル	○	多対多
リレーショナルモデル	×	なし

【2-1-3 リレーショナルモデルのイメージ】

列＝属性（アトリビュート）

社員番号	氏名	年齢	部署コード
1022	鈴木太郎	40	002
1045	佐藤大助	35	003
1101	山田一郎	30	003
1187	中村典子	25	002

行＝組（タプル）

↑主キー

2 データベース管理システム

データベース管理システム（ＤＢＭＳ：DataBase Management System）とは、データベースと利用者の間に介在し、利用者が利用しやすいようにするためのソフトウェアのことです。

データベース管理システムが持つ機能は以下の４つです。

データベース管理機能	データベースの定義や操作、トランザクションを管理します。トランザクションにはＡＣＩＤ特性があります。
同時実行制御機能（排他制御機能）	複数の利用者が同じタイミングで同じデータを更新すると、不整合が発生する可能性があるので、１人がデータ更新をしている間に他の利用者からの更新をロックします。

障害回復機能	データ復旧のための機能です。 ロールバック処理、ロールフォワード処理、バックアップなどがあります。
セキュリティ機能	利用者ＩＤやパスワードなどの制御や、役職に応じた利用者権限などの制御があります。

Keyword

▶ **リレーショナルモデル**

表形式で表したモデルのことです。これには、主キーと呼ばれるキーが存在し、主キーが決定されれば、特定の行が選択されます。

▶ **主キー**

リレーショナルモデルの表において、データ行が一意に識別することができる項目のことです。

▶ **トランザクション**

銀行の入金処理などの一連の作業を１つの処理単位としたものです。

▶ **ＡＣＩＤ特性**

ＡＣＩＤ特性とは、リレーショナルデータベースシステムが持つ以下の特性のことです。

原子性・不可分性（Atomicity）
一貫性・同一性（Consistency）
隔離性・独立性（Isolation）
耐久性・持続性・永続性（Durability）

3 ＮｏＳＱＬ

① ＸＭＬデータベース

ＸＭＬデータベースとは、ＸＭＬ（eXtensible Markup Language）を活用したデータベースの一種です。主にＷＥＢ系のシステムにおいて使用されます。

リレーショナルデータベースでは、表形式となるため、明確なスキーマ（構造）が必要であり、柔軟な変更が難しいことや、文章データなど構造化が困難なデータをため込むための定義が難しいという側面があります。

一方で、ＸＭＬデータベースは、柔軟な変更が可能であることや構造化が難しいデータを格納しやすいという特徴を持っています。

また、階層的にデータを保有することも可能です。

例）都道府県名⇒市区町村名⇒番地　　など

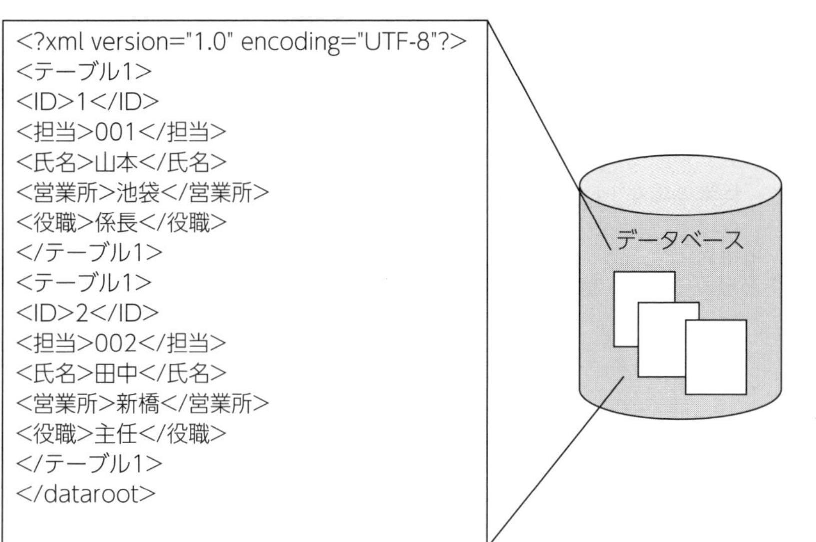

② KVS

ＫＶＳ（キー・バリュー・ストア）とは、１つのキー項目と、データ部分の２項目でデータ管理するものです。データ部分は、カンマ区切りなどで情報を分割し、リレーショナルデータベースよりも柔軟な運用が可能です。

Key	Value
A	田中、2010年登録、中小企業診断士
B	太田、2000年登録、弁理士
C	山口、1999年登録、公認会計士

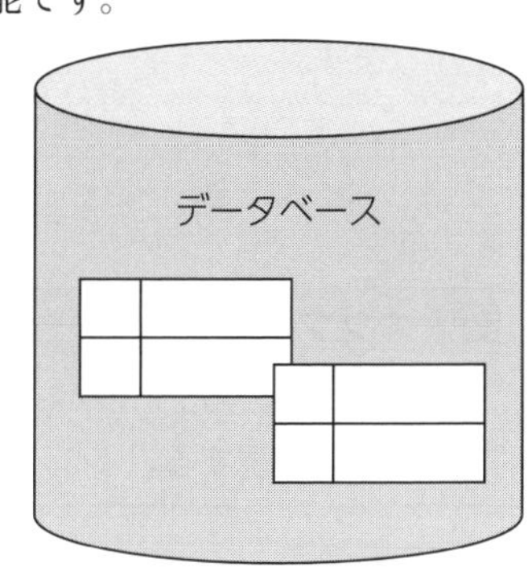

Keyword

▶　インデックス

インデックス（索引）は、データベースにおける目次情報です。膨大な量のデータ検索をする際に、インデックス情報を手掛かりにデータベース内を検索することで、検索効率を上げることが可能です。

▶　クエリ

クエリ（Query）は、データベースに対しての検索や更新などの問い合わせのことです。

▶　セマフォ

セマフォは、複数のプロセスを実行している際に使用される制御機能です。データベースの同時実行（排他）制御を実現するために、更新中のデータにフラグを立てることができ、他からの更新をできなくさせるなどといったことが可能です。

▶　ストアドプロシージャ

ストアドプロシージャ（Stored procedure）とは、データベースに対する一連の処理手順を１つのプログラムにまとめ、データベース管理システム（ＤＢＭＳ）に保存したものです。事前に実行可能な状態にしておくことで、処理効率が上がります。

過去問 トライアル解答　**ウ**

☑チェック問題

リレーショナルデータベースは表形式のデータベースであり、ＥＲ図を使って設計内容を表現する。 ⇒○

MEMO

データベース
正規化

学習事項 正規化

このテーマの要点

データベース正規化について確認しよう

リレーショナルデータベースでは、データの冗長性を排除し、データの一貫性と整合性を保つ必要があります。そのために行うのが、正規化であり、第１正規化から第３正規化、さらには第５正規化まであります。試験対応では、第１正規化と第３正規化が理解できれば充分です。

非正規形のテーブル

社員資格情報

社員番号	氏名	年齢	部署コード	部署名	資格コード	資格名	取得年
1022	鈴木太郎	40	002	営業部	C01 B02	中小企業診断士 簿記２級	2007 2004
1045	佐藤大助	35	003	開発部	E02	英検２級	2000
1101	山田一郎	30	003	開発部	J02	基本情報技術者	2004
1187	中村典子	25	002	営業部	B02 E02	簿記２級 英検２級	2006 2002

過去問トライアル	平成19年度　第６問（設問１） 正規化の手順について
類題の状況	R05-Q8　R02-Q6　H30-Q8　H27-Q7　H18-Q5

次の表は、ある家電量販店の「売上伝票テーブル」を示している。下記の設問に答えよ。

売上伝票テーブル

売上ＩＤ	製品ＩＤ	メーカー	製品名	仕入単価	販売単価	販売数量	売上高	粗利益
S001	PN01	A電気	液晶テレビ	100,000	153,000	2	306,000	106,000
S001	PN02	B電気	デジタルカメラ	25,000	34,000	3	102,000	27,000
S002	PN01	A電気	液晶テレビ	100,000	153,000	3	459,000	159,000
S003	PN03	C電気	DVDレコーダ	52,000	78,000	1	78,000	26,000
S003	PN04	A電気	MP3プレーヤ	12,000	18,000	3	54,000	18,000

S004	PN02	B電気	デジタルカメラ	25,000	34,000	2	68,000	18,000

この「売上伝票テーブル」は、正規化を進めることができ、結果として「売上テーブル」と「商品テーブル」の2つに分割することができる。「商品テーブル」に入る項目として、最も適切なものの組み合わせはどれか。

ア　粗利益、メーカー、製品名、売上ＩＤ
イ　製品ＩＤ、販売単価、販売数量、製品名
ウ　メーカー、販売数量、仕入単価、販売単価
エ　メーカー、販売単価、製品ＩＤ、仕入単価

1 正規化の流れ

まず、非正規形のテーブルから繰り返し部分を排除して、第１正規形にします。また、主キーの特定も行います。この場合、社員番号と資格コードが主キーです。

【2-2-1　第１正規化の手順】

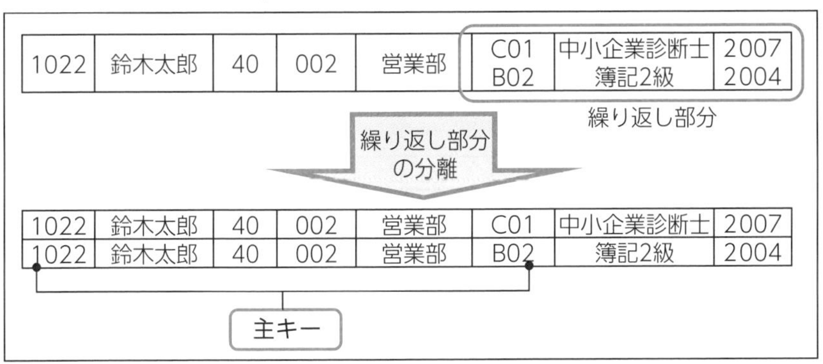

【2-2-2　第１正規化の結果】

社員資格情報

社員番号	氏名	年齢	部署コード	部署名	資格コード	資格名	取得年
1022	鈴木太郎	40	002	営業部	C01	中小企業診断士	2007
1022	鈴木太郎	40	002	営業部	B02	簿記２級	2004
1045	佐藤大助	35	003	開発部	E02	英検２級	2000
1101	山田一郎	30	003	開発部	J02	基本情報技術者	2004
1187	中村典子	25	002	営業部	B02	簿記２級	2006
1187	中村典子	25	002	営業部	E02	英検２級	2002

次に第２正規化を行います。第２正規化とは、第１正規形の項目群から部分従属する項目を分離することです。主キーである社員番号と資格コードで他の項目は一意に決まりますが、社員番号、資格コード単独でも一意に決まる項目があります。この関係を部分従属といいます。

【2-2-3　第２正規化の手順】

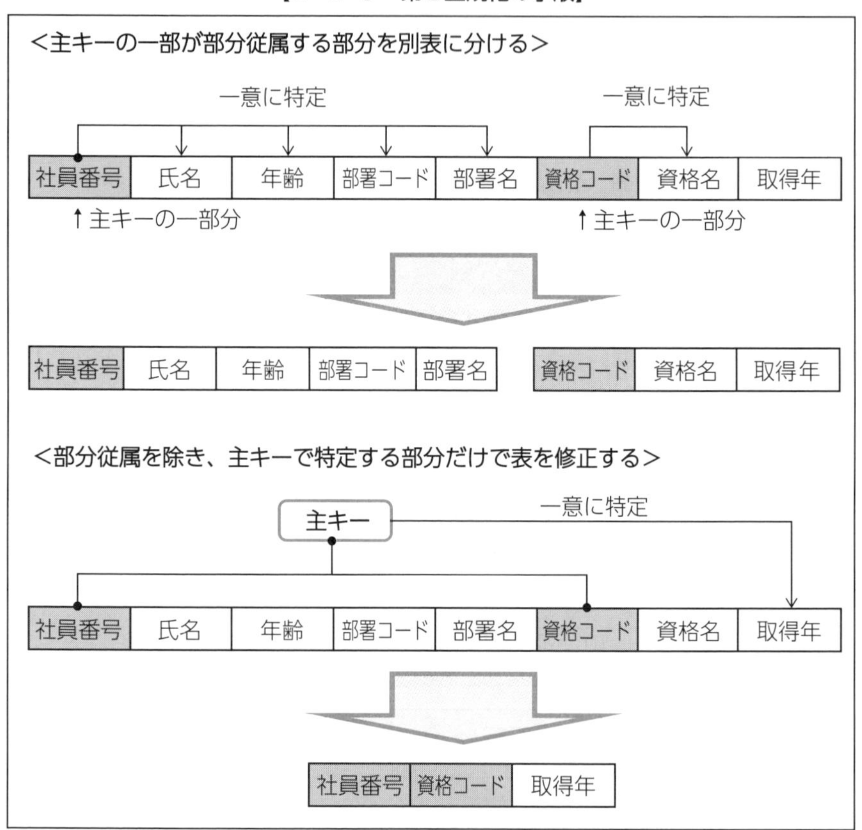

【2-2-4　第２正規化の結果】

社員名簿

社員番号	氏名	年齢	部署コード	部署名
1022	鈴木太郎	40	002	営業部
1045	佐藤大助	35	003	開発部
1101	山田一郎	30	003	開発部
1187	中村典子	25	002	営業部

資格情報

資格コード	資格名
B02	簿記２級
C01	中小企業診断士
E02	英検２級
J02	基本情報技術者

社員資格情報

社員番号	資格コード	取得年
1022	C01	2007
1022	B02	2004
1045	E02	2000
1101	J02	2004
1187	B02	2006
1187	E02	2002

最後に第３正規化を行います。第３正規化とは、第２正規形のデータ項目群から、主キー以外で一意に決まる部分を分離することです。これを実施することで、マスタデータとトランザクションデータに分解が完成します。

マスタデータ	社員情報（社員名簿）
	部署情報（部署リスト）
	資格情報（資格情報）
トランザクションデータ	資格取得情報（社員資格情報）

この結果をもとにテーブルをそれぞれ分離させると第３正規形となります。

【2-2-5　第３正規化の結果】

社員名簿

社員番号	氏名	年齢	部署コード
1022	鈴木太郎	40	002
1045	佐藤大助	35	003
1101	山田一郎	30	003
1187	中村典子	25	002

部署リスト

部署コード	部署名
002	営業部
003	開発部

資格情報

資格コード	資格名
B02	簿記２級
C01	中小企業診断士
E02	英検２級
J02	基本情報技術者

社員資格情報

社員番号	資格コード	取得年
1022	C01	2007
1022	B02	2004
1045	E02	2000
1101	J02	2004
1187	B02	2006
1187	E02	2002

Keyword

▶ 繰り返し部分

1項目の1行（レコード）の中に2つ以上の情報が入力されている部分のことです。

▶ マスタデータ

基本データとも呼ばれます。他から参照されるデータで、商品データ等がこれにあたります。

▶ トランザクションデータ

変動データとも呼ばれます。逐次更新されていく、伝票データ等がこれにあたります。

過去問 トライアル解答 **エ**

☑チェック問題

第1正規形とは、主キー以外のデータ項目が主キーによってのみ特定できる形式をいう。 ⇒×

▶ 第3正規形の説明である。正規化とは、データの冗長化をなくし、データの一貫性および効率的なデータの活用を図るために用いられるデータベースの設計理論である。

- 第1正規形：テーブル内の繰り返し項目を取り除いたもの
- 第2正規形：主キーの一部によって一意に決まる項目を取り除いたもの
- 第3正規形：主キー以外の項目によって一意に決まる項目を取り除いたもの

MEMO

3 データベース SQL

学習事項 DDL，DML，SELECT文，関数

このテーマの要点

SELECT文の基本的な使い方を理解しよう

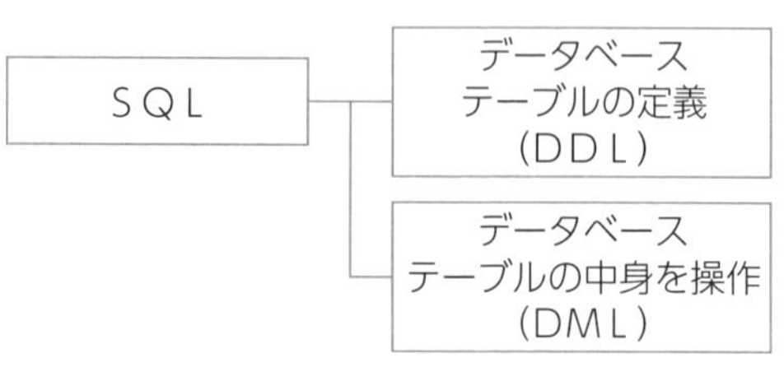

リレーショナルデータベースで使われるデータベース言語に、SQLがあります。SQL (Structured Query Language) とは、DBMSに指示を伝える言語のことです。SQLには、データ定義言語（DDL：Data Definition Language)、データ操作言語（DML：Data Manipulation Language）があります。本試験では、データ操作言語に分類されるSELECT文が出題の多くを占めるため、これを中心に見ていきましょう。

過去問トライアル	平成18年度　第9問 SELECT文の基礎的問題
類題の状況	R04-Q5　H30-Q4　H29-Q10　H27-Q8　H26-Q9　H25-Q9　H23-Q8　H21-Q10　H17-Q8

以下の従業員表から、次のSQL文で所属と氏名のデータを取り出した。抽出されたデータのうち氏名の項目について、最も適切な組み合わせを下記の解答群から選べ。

［SQL文］

SELECT　所属，氏名　FROM　従業員表　WHERE　年齢　BETWEEN 20 AND 30

従業員表

ＩＤ	氏名	所属	年齢
1001	A	経理部	23
1002	B	営業部	20
1003	C	営業部	28
1004	D	人事部	36
1005	E	経理部	30

〔解答群〕
ア　AとBとC
イ　AとBとCとE
ウ　AとC
エ　AとCとE

1 データ定義言語（DDL）とデータ操作言語（DML）の具体例

DDL	CREATE文	新しいデータベーステーブル自体を作成する
	DROP文	データベーステーブル自体を削除する
	ALTER文	既に存在するデータベーステーブルの項目を追加したり変更したりする
DML	SELECT文	データベーステーブルの中身を参照する
	INSERT文	データベーステーブルの中に値を登録する
	UPDATE文	データベーステーブルの中に既に登録されたデータを更新する
	DELETE文	データベーステーブルの中に登録されたデータを削除する

2 SELECT文の基礎

SELECT文の構文

SELECT 出力させる列名　FROM テーブル名　WHERE 絞込みの条件

縦の列を絞る　　　横の行を絞る

SELECTの後の列名に「＊」（アスタリスク）を入力することで、すべての列を抽出するという命令になります。

SELECT文の使用例

社員名簿

社員番号	氏名	年齢	部署コード
1022	鈴木太郎	40	002
1045	佐藤大助	35	003
1101	山田一郎	30	003
1187	中村典子	25	002

年齢が35歳以上の人の、氏名と年齢を取得する

SELECT 氏名，年齢 FROM 社員名簿 WHERE 年齢＞=35

取得結果

氏名	年齢
鈴木太郎	40
佐藤大助	35

主な条件式の一覧

WHEREの後の条件に使われる式は以下の通りです。

【2-3-1　主な条件式】

条件例	意味
X=Y（X<>Y）	XとYは等しい（XとYは等しくない）
X>Y（X>=Y）	XはYより大きい（XはY以上）
年齢 BETWEEN 30 AND 40	年齢が30歳以上、40歳以下
LIKE "_野菜%"	"野菜" を含む文字列。 _は1文字、%は任意文字数のワイルドカード

3　並び替え

SELECT文の最後に、ORDER BY句を使用することで、取得した結果を並び替えることができます。

SELECT 出力させる列名　FROM テーブル名

WHERE 絞込みの条件　ORDER BY 並び替え対象の列名　ASC ／ DESC

SELECT文の使用例

ORDER BY　年齢　ASC　⇒　昇順

ORDER BY　年齢　DESC　⇒　降順

社員番号	氏名	年齢
1187	中村典子	25
1101	山田一郎	30
1045	佐藤大助	35
1022	鈴木太郎	40

4　関数

集計関数の一覧

SELECTの後の列名の部分やWHEREの条件式で関数を使うことができます。

【2-3-2　主な関数】

関数名	意味
SUM	合計値を求める
AVG	平均値を求める
MAX (MIN)	最大値を求める（最小値を求める）
COUNT	件数を求める

過去問 トライアル解答 

☑チェック問題

商品区分が筆記具あるいはノートで、販売数量が20以上のデータを抽出するＳＱＬ文のWHERE部の記述は、「販売数量＞＝20 AND 商品区分＝'筆記具' OR 商品区分＝'ノート'」である。 ⇒×

▶ 「販売数量＞＝20 AND（商品区分＝'筆記具' OR 商品区分＝'ノート'）」のように、ORの部分を（ ）で囲むのが正しい。

データベース
データ活用

学習事項 ＢＩ，DWH，データマイニング，ＯＬＡＰ

このテーマの要点

データベース活用について考えよう

経営戦略の立案、実行を優位に進めるためには、データの有効活用は必須条件です。データベースに蓄積された情報を無駄にせず、活用する仕組みを整える必要があります。

必要となる情報を、必要な分だけ効率的に抽出できる仕組みが、ＢＩ（ビジネスインテリジェンス）の考え方です。

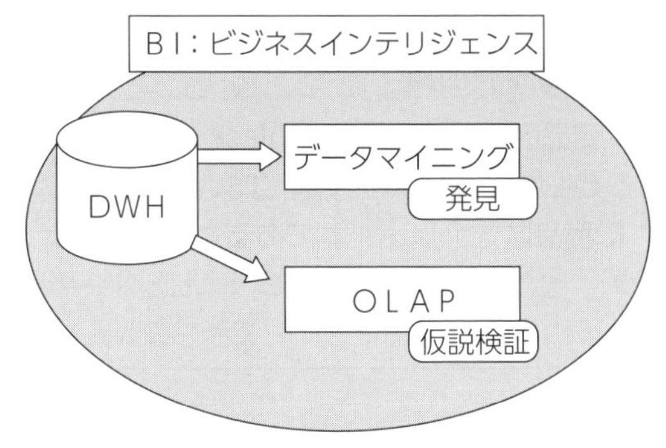

過去問トライアル	平成21年度　第14問 大量のデータ活用について
類題の状況	R05-Q16　R04-Q4　R03-Q8　R01-Q16　H29-Q16　H25-Q15　H22-Q20

蓄積した大量のデータをいかに分析するか、部署間で情報共有をいかに行うか、さらには新たな知識の創造を行う仕組みをどのように構築するかは、現代企業の重要な課題となりつつある。次の記述の空欄Ａ～Ｃに入る語句の組み合わせとして最も適切なものを下記の解答群から選べ。

業務処理で蓄積された多様なデータのデータベースやインターネットから取り込んだデータのデータベースなどを、総合的な情報分析に適するように統合したものを［　Ａ　］と呼ぶ。その［　Ａ　］にある膨大なデータ、例えば、売上履歴にかかわるデータから消費者の購買行動や顧客嗜好（しこう）の変化などを、さまざまな手法を用いて分析する技術を［　Ｂ　］という。

一方、企業内での情報共有を進めるに際して、どこにどのような情報があるのか、誰がどのような情報を持っているのかなどを明らかにすることが課題である。それらの課題の解決を支援するためのシステムを［　Ｃ　］と呼ぶ。

〔解答群〕

ア	A：データウェアハウス	B：ＯＬＡＰ	C：データマート
イ	A：データウェアハウス	B：データマイニング	C：ナレッジポータル
ウ	A：データマート	B：ＯＬＡＰ	C：データマイニング
エ	A：ナレッジポータル	B：データマイニング	C：データウェアハウス

1 ＢＩ（ビジネスインテリジェンス）

ＢＩ（ビジネスインテリジェンス）とは、業務システムに蓄積されたデータを分析・加工して、企業の意思決定に活用する仕組みや概念のことです。

ＢＩの具体例は以下の通りです。

【2-4-1　ＢＩの具体例】

DWH (データウェアハウス)	業務ごとに別々のデータベースに格納されているデータを、分析しやすい形式でまとめて全社的に統合し、格納するものです。
データマイニング	データウェアハウスやＸＭＬなどの様々な情報を解析する手法で、発見型のアプローチをします。統計的に分析し、経営に必要な傾向や相関関係、パターン等を導き出していきます。
ＯＬＡＰ (Online Analytical Processing：オンライン解析)	データウェアハウスの情報を解析し、解析結果を視覚化するシステムです。解析の方法として、仮説検証型のアプローチをします。

2 DWH（データウェアハウス）のイメージ

【2-4-2　データウェアハウスのイメージ】

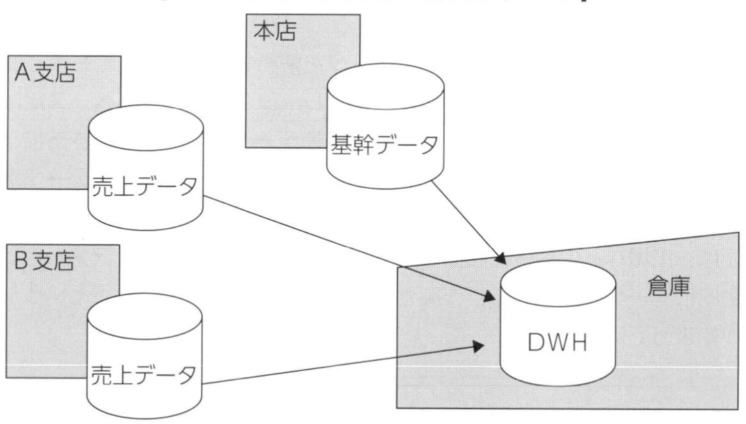

3 データマイニングとＯＬＡＰの違い

【2-4-3　データマイニングとＯＬＡＰの比較表】

	アプローチ手法	使用例
データマイニング	発見型	販売予測、需要予測、顧客分析
ＯＬＡＰ	仮説検証型	商品別売上高、期間別売上比較

Keyword

▶ ナレッジポータル

企業内外の知識を蓄積・整理し、必要に応じて個人の目的にあった形で取り出せる、全社情報共有システムのことです。

▶ Ｒ－ＯＬＡＰ（Relational OLAP）

リレーショナルデータベースに格納されたデータを直接分析するものです。

▶ Ｍ－ＯＬＡＰ（Multi-dimensional OLAP）

蓄積したデータの中から分析に必要なデータを抜粋・集約した形式で、独自のデータベースに格納しておき、そこから分析するものです。Ｒ－ＯＬＡＰに比べて処理が高速です。

▶ バスケット分析（併売分析）

一緒に購入される商品について、レシート単位で分析するものです。データマイニングの一種となります。

▶ テキストマイニング

文書などのテキストデータから必要な情報を取得し、分析するものです。

▶ ビッグデータ

大量データのことであり、その大量データを解析し活用することも含む概念です。ビッグデータの対象は、構造化されたリレーショナルデータベースだけでなく、ＸＭＬや画像・文書ファイルなどの非構造データも含みます。さらに、ＩｏＴ（Internet of Things）と呼ばれる、これまでになかった形でのデータ活用も期待されています。

例えば、工場などの機械に設置したセンサー情報を取得してインターネット上へ自動的にデータを保存して、作業効率アップのための検証を行うといった取り組みが始まっています。

過去問 トライアル解答 

☑チェック問題

R－ＯＬＡＰ (Relational OLAP) は、Ｍ－ＯＬＡＰ (Multi-dimensional OLAP) より、利用者のデータ分析要求に対する応答が速い。 ⇒×

▶ Ｍ－ＯＬＡＰは事前に分析のための多次元データベースを作成しているため、Ｒ－ＯＬＡＰより、利用者のデータ分析要求に対する応答が速い。

通信ネットワーク OSI基本参照モデル

学習事項 OSI基本参照モデル，プロトコル，IPアドレス

このテーマの要点

OSI基本参照モデルと機器やプロトコルを対応させて理解しよう

通信ネットワーク分野では、階層の理解と、機器やプロトコルがどこで使用されるかを理解する必要があります。

階層は、OSI基本参照モデルをもとに覚えていきましょう。このOSI基本参照モデルのどの階層に何が位置づけられているのかしっかりと覚えていくことが重要です。

過去問トライアル	平成25年度　第10問 OSI参照モデル
類題の状況	R05-Q11　R01-Q12　H28-Q10　H21-Q20

ISOによって提唱されたネットワーク接続にかかわるモデルをOSI参照モデルと呼ぶ。OSI参照モデルは、アプリケーション層、プレゼンテーション層、セッション層、トランスポート層、ネットワーク層、データリンク層、物理層の7つの層からなる。ネットワーク接続に関する記述として最も適切なものはどれか。

ア　Bluetooth通信は、データリンク層での接続方法の規定だけを用いて通信を行う形式であり、物理層を規定していないため、無線通信が可能となる。

イ　TCP/IPにおいて、TCPパケットに発信元のIPアドレスを付けてIPパケットを作りネットワークに送り出すのは、ネットワーク層に該当する。

ウ　TCP/IPは、7つの層のうち、4つの層を規定して通信を行う通信プロトコルである。

エ　イーサネットの基本仕様は、上位層であるアプリケーション層とプレゼンテーション層の2つの層で規定される。

1 ＯＳＩ基本参照モデル

ＯＳＩ（Open Systems Interconnection：開放型システム間相互接続）基本参照モデルとは、国際標準化機構により制定された、異なる端末機器同士が通信するためのネットワーク構造の設計方針に基づき、必要とされる機能や役割を階層別に示したモデルのことです。

【2-5-1　ＯＳＩ基本参照モデル】

階層	内容	役割
第7層	アプリケーション層	特定のアプリケーションごとの通信を規定
第6層	プレゼンテーション層	アプリケーションで扱うデータ形式を規定
第5層	セッション層	通信するアプリケーション間での通信経路の確立・切断を管理し、データ転送の信頼性を提供します
第4層	トランスポート層	通信する端末間での通信経路を確保し、データを確実に転送します
第3層	ネットワーク層	データパケットにアドレスを付与して通信経路を選択する方法を規定します
第2層	データリンク層	フレームとビットの変換等を行い、データフレームのやり取りといった通信手順を規定します
第1層	物理層	コネクタやケーブル等の形状や、伝送路上のデータの表現形式を規定します

人間が理解できる ↕ コンピュータが理解できる

2 ＯＳＩ基本参照モデルと対応表

【2-5-2　プロトコルと接続機器の階層別対応表】

階層	内容	宛先	フレーム パケット	プロトコル	ネットワーク機器	
第7層	アプリケーション層		データの中身	HTTP、FTP SMTP、POP3 SOAP、DHCP SNMP		ゲートウェイ
第6層	プレゼンテーション層					
第5層	セッション層					
第4層	トランスポート層	ポート番号		TCP、UDP		
第3層	ネットワーク層	IPアドレス	パケット	IP、ARP	ルータ	
第2層	データリンク層	MAC アドレス	フレーム	PPP	ブリッジ、スイッチングハブ	
第1層	物理層				リピータハブ	

3 宛先

ＩＰ（Internet Protocol）アドレスとは､例えるなら「住所」のことで､ネットワークに接続される機器を識別するための情報です。例：192.1.11.108

ＩＰアドレスには、プライベートＩＰアドレスとグローバルＩＰアドレスがあります。プライベートＩＰアドレスとは、社内などで独自に決めた番号を使用でき、グローバルＩＰアドレスは全世界共通で管理されます。特にプライベートＩＰアドレスでは､サブネットマスクを使用してＩＰアドレスをネットワーク部とホスト（端末）部に分別して管理されます。

【2-5-3　ＩＰアドレスの構成】

- IPアドレス　ホスト（端末）の所在地を指定
  - ネットワークアドレス部　端末が所属するネットワークの所在地を指定
  - ホストアドレス部　ネットワーク内のホストの所在地を指定
- サブネットマスク　ネットワークアドレス部とホスト（端末）アドレス部を判別する識別子

ＭＡＣ（Media Access Control）アドレスとは、例えるなら「ビル名」のことで、機器固有の識別情報です。例：00-AE-34-56-78-9A

ポート番号とは、例えるなら「部屋番号」のことで、アプリケーションの識別に使われる番号のことです。HTTPやFTPなどのＴＣＰ／ＩＰネットワーク上で利用頻度が高いプロトコルは、あらかじめポート番号が決められています。これをウェルノウンポート番号（Well-Known Port Number）と呼びます。プロトコルについては後述します（「２－６　ＴＣＰ／ＩＰ」）。

ポート番号	プロトコル	用途
20	ftp-data	ファイル転送（データ本体）
21	ftp	ファイル転送（コントロール）
22	ssh	シェル：SSH（セキュアモード）
23	telnet	サーバ等の遠隔操作
25	smtp	メール送信
53	dns	ドメイン名・IPアドレス等の検索や管理
63	whois	ドメイン名等の所有者情報の検索
80	http	Webサイトの表示・閲覧
110	pop3	メール受信
119	nntp	ネットニュース
143	imap	メール（IMAP）

161	snmp	ネットワークの管理
443	https	Webサイトの表示・閲覧（セキュアモード）

Keyword

▶ ＩＰアドレス枯渇問題

現状のＩＰアドレスは、ＩＰｖ４が多く利用されています。しかし、アドレス空間が少ないため、ＩＰｖ４のアドレスが足りなくなってきています。そのため、より大きなアドレス空間を持つＩＰｖ６への移行が始まっています。

ＩＰｖ６は、ＩＰアドレスのバージョン６を表しています。２の128乗（約340兆の１兆倍の１兆倍）のアドレスの領域があります。

▶ パケット

データ部分にＩＰヘッダが付与されている形式で、ＩＰアドレスを宛先にします。

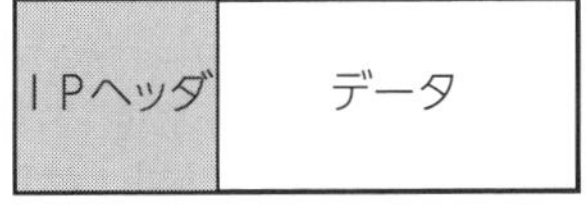

▶ フレーム

データ部分にＭＡＣヘッダが付与されている形式で、ＭＡＣアドレスを宛先にします。

▶ サブネットマスク

サブネットマスクは、ＩＰアドレスをネットワーク部とホスト（端末）部に分別するために用いられる識別子です。

過去問 トライアル解答 

☑チェック問題

ＴＣＰ／ＩＰは、７つの層のうち、４つの層を規定して通信を行う通信プロトコルである。 ⇒×

▶ ＴＣＰ／ＩＰは、トランスポート層とネットワーク層の２つの層を規定して通信を行う通信プロトコルである。

2 システム構築と信頼性確保

通信ネットワーク
ＴＣＰ／ＩＰ

学習事項 ＴＣＰ／ＩＰ

このテーマの要点

ＴＣＰ／ＩＰのプロトコル群を覚えよう

インターネット等のネットワークの通信で用いられる各種プロトコル群のことをＴＣＰ／ＩＰといいます。

各プロトコルがどの階層に位置づけられるかや、その役割などを理解して覚えておきましょう。

階層	OSI基本参照モデル	TCP / IP
第7層	アプリケーション層	【アプリケーション層】 DHCP・DNS・FTP・Gopher・HTTP・IMAP4・NNTP・XMPP・POP3・SIP・SMTP・SNMP・SSH・Telnet・RTSP・SSL/TLS・SDP・SOAP・CMIP・NTP
第6層	プレゼンテーション層	
第5層	セッション層	
第4層	トランスポート層	【トランスポート層】 TCP・UDP・DCCP・SCTP・RTP・RSVP・IGMP・PPTP・RUDP・UDP-Lite
第3層	ネットワーク層	【ネットワーク層】 IP（IPv4・IPv6）・OSPF・BGP・IPsec・ARP・RARP・RIP・ICMP・ICMPv6・IGP
第2層	データリンク層	【データリンク層】 イーサネット・ATM・FDDI・フレームリレー・L2TP・トークンリング・PPP・802.11・802.16・Wi-Fi・WiMAX・HDLC・ISDN
第1層	物理層	

過去問トライアル	平成20年度　第８問 ネットワークで使われるプロトコルについて
類題の状況	R04-Q7　H30-Q9　H27-Q9　H26-Q11　H24-Q11　H19-Q5

ＬＡＮなどのネットワークでは、さまざまなプロトコルが、それぞれの役割ごとに利用されている。以下のａ～ｅの機能と、その機能を利用する場合に使用されるプロトコルの組み合わせとして、最も適切なものを下記の解答群から選べ。

ａ　インターネットにおけるパケット通信

ｂ　Ｗｅｂ閲覧

ｃ　ファイルのダウンロードやアップロード

d　メールの送信
e　メールの受信

〔解答群〕

	a	b	c	d	e
ア	a：PPP	b：FTP	c：ISP	d：DNS	e：SMTP
イ	a：TCP／IP	b：HTTP	c：FTP	d：SMTP	e：POP3
ウ	a：TCP／IP	b：URL	c：FTP	d：DNS	e：WEP
エ	a：UDP	b：URL	c：OSI	d：SNTP	e：WEP

1 プロトコル

プロトコルとは、通信規約のことで、ネットワーク上でコンピュータ間での通信上の決まりごとを定めておくものです。プロトコルがあらかじめ標準化されることで、その仕様に基づいて作られた端末機器同士であれば、異なるメーカーの端末間でも通信することが可能となり、接続性や利便性の向上に大きく貢献します。

2 TCP／IPの概要

TCP/IPとは、広義の意味では、ネットワークで使われるプロトコル群のことです。狭義の意味では、TCP（Transmission Control Protocol）というプロトコルとIP（Internet Protocol）というプロトコルの2つで成り立つ規約のことを指します。

【2-6-1　代表的なTCP／IPプロトコル】

階層	プロトコル	概要
アプリケーション層	HTTP (HyperText Transfer Protocol)	・Webサーバと、ホームページを閲覧するためのWebブラウザ間でコンテンツ情報の通信に用いられるプロトコルです。
	FTP (File Transfer Protocol)	・サーバに格納されているファイルをダウンロードしたり、サーバにファイルをアップロードしたりするなど、ネットワーク上でファイル転送を行う際に用いるプロトコルです。 ・ファイル転送プロトコルとも呼ばれます。
	Telnet	・ネットワークを介して、サーバ等のコンピュータの遠隔操作をするためのプロトコルです。
	SMTP (Simple Mail Transfer Protocol)	・電子メールを転送するためのプロトコルです。

層	プロトコル	説明
アプリケーション層	ＰＯＰ３ (Post Office Protocol 3)	・電子メールをメールサーバから取得する際に用いるプロトコルです。電子メールは、ユーザのコンピュータに保存されます。
	ＩＭＡＰ４ (Internet Message Access Protocol)	・電子メールをメールサーバから取得したり、メールサーバ上で管理したりするためのプロトコルです。サーバ上でメールを管理することができるため、インターネットに接続していれば、複数のコンピュータから同じ内容のメールを読むことができます。
	ＮＴＰ (Network Time Protocol)	・ネットワーク機器の正しい時刻を同期するためのプロトコルです。
トランスポート層	ＴＣＰ (Transmission Control Protocol)	・通信の信頼性を高めるためのコネクション型プロトコルです。端末間でコネクションを確立し、パケットの紛失がある場合はパケットの再送を指示するなど、確実な通信を保証します。 ・ＴＣＰに関するデータが大きくなるため、他のトランスポート層のプロトコルと比較して、通信速度が落ちる傾向があります。
	ＵＤＰ (User Datagram Protocol)	・コネクションレス型のプロトコルです。データの到着順や紛失を確認しないため、比較的高速な通信を行うことができます。 ・データの一部が紛失しても問題が少ないストリーミング形式のデータ通信には適しています。
ネットワーク層	ＩＰ (Internet Protocol)	・複数のネットワークをまたいでパケットを送信するためのプロトコルです。 ・パケットが確実に到着したかを確認する機能がないため、ＴＣＰ等のトランスポート層のプロトコルにより通信の信頼性を高める必要があります。
	ＩＣＭＰ (Internet Control Message Protocol)	・データ通信において発生した、処理誤りや通信に関する情報を通知するためのプロトコルです。 ・ＩＣＭＰを活用した代表的なツールに、ネットワークの疎通を確認できる「ping」があります。
データリンク層	ＰＰＰ (Point to Point Protocol)	・機器間において、相互に通信を行うためのものです。 ・インターネットを行う際のモデムなどで使われています。

Keyword

▶ ＳＮＭＰ（Simple Network Management Protocol）
ネットワークの監視や制御のためのプロトコルのことです。

▶ ＡＲＰ（Address Resolution Protocol）
ＭＡＣアドレスとＩＰアドレスを対応づけるプロトコルのことです。

▶ ＭＩＭＥ（Multipurpose Internet Mail Extension）
電子メールの拡張規格で、画像や音声を扱うことができるプロトコルのことです。

過去問 トライアル解答 

☑チェック問題

Ｗｅｂ閲覧には、ＦＴＰが使用され、ファイルのダウンロードやアップロードには、HTTPが使用される。 ⇒×

▶ ＨＴＴＰ（HyperText Transfer Protocol）は、ＷｅｂブラウザとＷｅｂサーバとの間において、ＨＴＭＬ（HyperText Markup Language）ファイルなどのコンテンツを送受信するための通信プロトコルである。ＨＴＭＬには、ハイパーリンクという機能がついており、WWW（World Wide Web）ページに表示された文字や画像をクリックするだけで、簡単にほかの場所にあるＷｅｂを閲覧できる。ハイパーリンク機能を持ったファイルのことをハイパーテキストといい、ＨＴＭＬで記述されたWWWページもハイパーテキストの１つである。一方、ＦＴＰ（File Transfer Protocol）は、ファイル転送時に通常使用されるプロトコルである。他のコンピュータのハードディスク上にあるファイルを、自分のコンピュータのハードディスクへ転送（ダウンロード）するときや、自分のコンピュータのハードディスクにあるファイルを別のコンピュータへ転送（アップロード）するときに使用される。

7 通信ネットワーク LAN

学習事項 有線ＬＡＮ，接続機器，伝送媒体，伝送制御

このテーマの要点

有線ＬＡＮの仕組みと種類を覚えよう

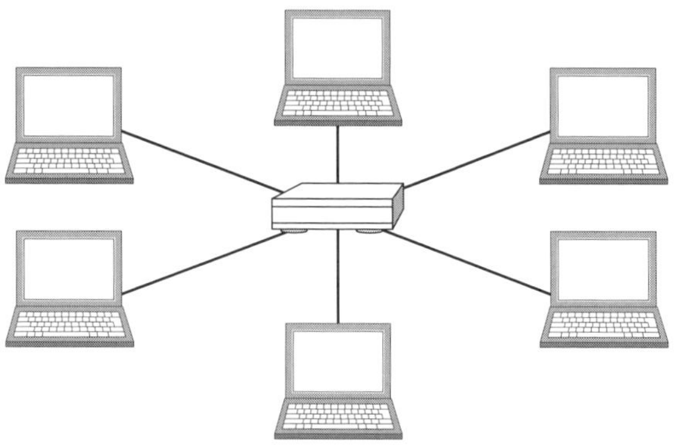

ＬＡＮとは、Local Area Network の略語で、ある特定の範囲で利用されるネットワークのことです。ここでは、社内等の有線で利用されているＬＡＮについて見ていきます。

一般的な接続形態は、右の図のようなスター型です。

無線ＬＡＮについては、後述しますので併せて確認してください（「3　無線ＬＡＮの規格」、「4　動作モード」）。

過去問トライアル	平成18年度　第10問 ＬＡＮと方式
類題の状況	R05-Q12　R04-Q1　R02-Q9　H28-Q11　H27-Q10　H26-Q10 H25-Q13　H23-Q6　H23-Q11　H22-Q7　H21-Q8

次のＬＡＮに関する記述について、空欄Ａ～Ｄに入る最も適切な用語の組み合わせを下記の解答群から選べ。

イーサネットを利用する事業所内ＬＡＮでは［　Ａ　］方式の通信方法が用いられているが、この通信方法では衝突が発生する可能性があり、その割合に応じて通信速度の低下が起こる。

端末の増設数が多くなれば、通信の衝突回数が増えて通信速度の低下も顕著となる可能性があるので、［　Ｂ　］を導入することは衝突回避に有効である。

イーサネットを施設する場合は、最近ではツイストペアケーブルが多く用いられるが、100Mbpsの伝送速度が必要な場合は［　Ｃ　］のケーブルを使用する必要がある。

このＬＡＮ上でインターネットを利用する際に用いられる標準のプロトコルが［　Ｄ　］である。

〔解答群〕

ア　Ａ：ＣＳＭＡ／ＣＤ　　Ｂ：スイッチングハブ
　　Ｃ：100ＢＡＳＥ－ＴＸ　　Ｄ：ＴＣＰ／ＩＰ

イ　Ａ：ＣＳＭＡ／ＣＤ　　Ｂ：ブロードバンドルータ
　　Ｃ：100ＢＡＳＥ－ＦＸ　　Ｄ：ＩＳＤＮ

ウ　Ａ：トークンパッシング　　Ｂ：ブロードバンドルータ
　　Ｃ：100ＢＡＳＥ－ＴＸ　　Ｄ：ＴＣＰ／ＩＰ

エ　Ａ：パラレル　　Ｂ：ターミナルアダプタ
　　Ｃ：100ＢＡＳＥ－ＦＸ　　Ｄ：ＨＤＬＣ

1　ＬＡＮの概要

ＬＡＮとは事業所内などの限定的な範囲で利用されるものをいいます。立地的に離れた拠点間で接続するネットワークは、ＷＡＮ（Wide Area Network）と呼ばれます。

ＬＡＮは、様々な接続機器によって構築されています。

【2-7-1　接続機器一覧】

機器名	概要	階層
リピータハブ	・接続するコンピュータの台数を増やします。 ・接続距離を伸長させます。	物理層
ブリッジ	・ＬＡＮ同士を接続します。	データリンク層
スイッチングハブ	・リピータハブにスイッチがつき、送り先を判定可能です。	データリンク層
ルータ	・複数のネットワークを接続します。 ・パケットのルーティング（経路制御）が可能です。	ネットワーク層
レイヤ３スイッチ	・ほぼルータと同じ機能です。	ネットワーク層
ゲートウェイ	・異なる階層間を接続します。	全層

【2-7-2　接続機器の構成図】

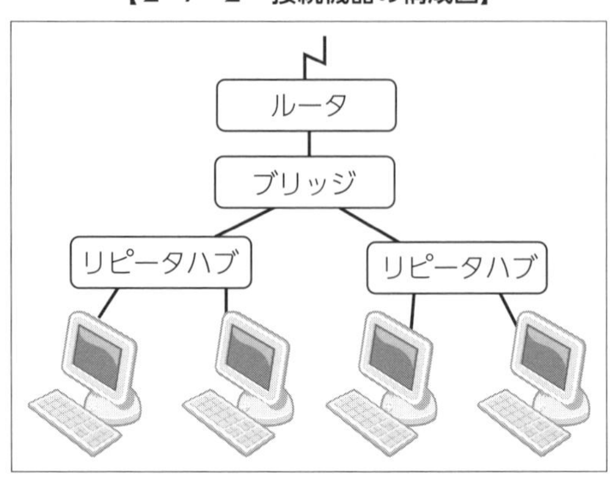

2　伝送媒体

主に利用される伝送媒体です。

【2-7-3　伝送媒体一覧】

媒体名	概要	規格
より対線ケーブル（ツイストペアケーブル）	・一般的なＬＡＮケーブルでよく利用されます。 ・銅線を内部でねじり合わせてあります。	10BASE-T 100BASE-TX 1000BASE-T
同軸ケーブル	・テレビの配線等に利用されます。	10BASE2 10BASE5
光ケーブル	・より対線ケーブルや同軸ケーブルと比べてノイズの影響が小さいです。 ・高速伝送と長距離伝送を実現します。	100BASE-FX FDDI ATM

規格の10BASE-Tの「10」という数字が通信速度を表しています。例えば、10BASE-Tであれば、通信速度は10Mbpsとなります。

3　無線ＬＡＮの規格

無線ＬＡＮは接続のための物理的なケーブルがないものです。様々な規格が存在し、電波法によって使用できる周波数帯が定められています。

【2-7-4 無線LANの規格一覧】

規格名	速度	周波数帯
IEEE802.11	2Mbps	2.4～2.5GHz
IEEE802.11a	54Mbps	5.15～5.35GHz／5.47～5.725GHz
IEEE802.11b	11Mbps／22Mbps	2.4～2.5GHz
IEEE802.11g	54Mbps	2.4～2.5GHz
IEEE802.11n	600Mbps	2.4GHz／5GHz
IEEE802.11ac	6.93Gbps	5GHz
IEEE802.11ax	9.6Gbps	2.4GHz／5GHz

4 動作モード

IEEE802.11の無線LANの動作モードには、アドホック・モードとインフラストラクチャ・モードがあります。

【2-7-5 動作モードの一覧】

媒体名	概要
アドホック・モード	ネットワークを統括するためのアクセスポイントを介さずに、無線通信可能な端末同士で互いに通信する形態です。
インフラストラクチャ・モード	ネットワークを統括するためのアクセスポイントを介することで、無線通信可能な端末が通信できる状態となる形態です。アクセス管理を集中的に実施することができ、効率的な通信が可能となります。

5 伝送制御

端末機器間で確実にデータをやり取りするための仕組みのことです。

【2-7-6 伝送制御方式一覧】

方式名	概要
CSMA／CD方式	・ほとんどの制御でこの方式が使われています。 ・ケーブル上にデータがないことを感知してから信号を送ります。 ・コリジョン（衝突）を検出するとしばらく待機し、データを再送します。
トークンパッシング方式	・トークンと呼ばれる送信権を流します。 ・CSMA／CD方式と比べ、比較的高速です。

Keyword

▶　イーサネット

ＩＥＥＥ（米国電気電子技術者協会）においてIEEE802.3として定められている技術仕様です。LANやインターネットにおける物理層およびデータリンク層について定義しています。

過去問 トライアル解答　ア

☑チェック問題

ＬＡＮに接続されたＰＣにＵＳＢ接続されたプリンタを、同じＬＡＮ上の他のＰＣから利用可能にすることはできない。　⇒×

▶　プリンタが接続されたＰＣをプリンタサーバとすることで、同じＬＡＮ上の他のＰＣから利用することができる。

MEMO

第2分野　システム構築と信頼性確保

通信ネットワーク

インターネット

学習事項 DNS, NAT, DHCP, VoIP

このテーマの要点

インターネットで使用される技術を理解しよう

https://www.lec-jp.com/shindanshi/index.html

- https：スキーム（アクセス手段）
- www：ホスト名（コンピュータ名）
- lec-jp.com：ドメイン名
- shindanshi：フォルダ名
- index.html：ファイル名

スキーム	アクセス手段のこと。httpやhttps、ftpなどのプロトコル名が用いられる。
ホスト名	ドメイン内に存在するホスト名（コンピュータ名）を指定する。
ドメイン名	インターネット上で有効な組織の名称。 地域や用途によって「.com」の部分が「.co.jp」や「.net」等になる。
フォルダ名	ドメイン内のフォルダを指定する。 「/」で区切ることで複数の階層構造を指定することも可能。
ファイル名	アクセスするファイル名を指定する。

インターネットでは、様々な技術が活用されています。次ページの概要図をもとに全体感を理解して、個別の用語を覚えましょう。

上の図は、ＵＲＬ（Uniform Resource Locator）の構成です。これはインターネット上の住所となります。

WWW（World Wide Web）は、ホームページを見るための仕組みで、ＨＴＭＬ（HyperText Markup Language）等の言語で記述された内容をＨＴＴＰプロトコルを介して参照することができます。

過去問トライアル	平成19年度　第５問 インターネットの各種サービスや仕組み
類題の状況	R05-Q5(再)　R04-Q8　R01-Q8　R01-Q11　H29-Q11 H28-Q12　H26-Q12　H25-Q11　H25-Q13　H21-Q6

インターネットにおいてはサーバコンピュータによって各種サービスや仕組みが提供されている。この各種サービスや仕組みに関する記述として最も適切なものはどれか。

ア　ＦＴＰクライアントソフトを用いると、ＦＴＰサーバとの間で文書データやソフトウェアを送受信することが可能で、ホームページの更新などにも利用される。

イ　ＩＰ電話サービスはＶＰＮの仕組みを利用し、音声をデジタル化して伝達するサービスのことである。

ウ　ネットニュースは事前登録することによって、各新聞社のみならず個人までもが記者となって、ニュースを配信できるインターネット上のサービスの呼称である。

エ　メーリングリストはウェブブラウザ上で、コミュニケーションを図りたい仲間のメールアドレスをグループごとに分類・管理し、必要なグループのメンバーのメールアドレスをいつでも検索できるようにしたサービスの呼称である。

1 インターネットの概要

インターネットの概要は次のようになります。

【2-8-1　インターネットの概要】

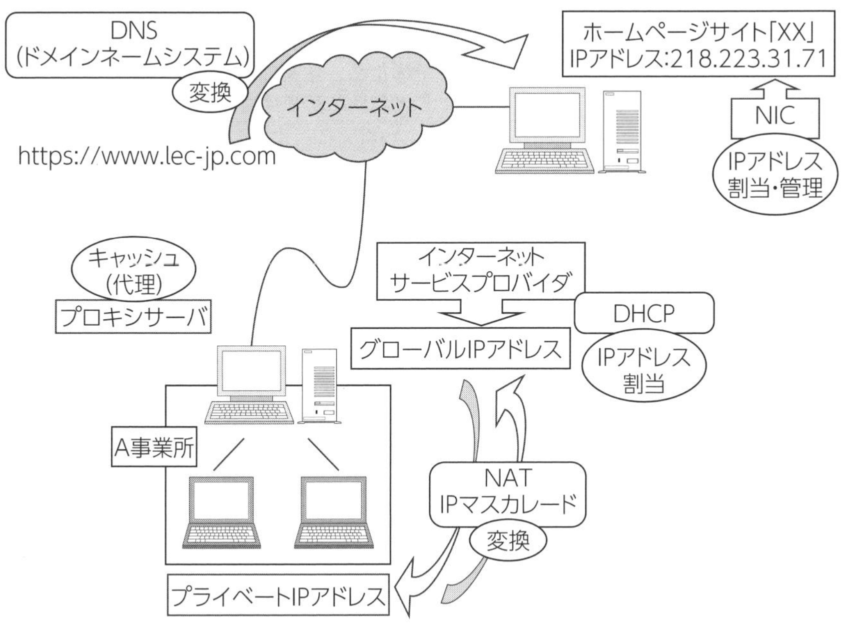

【２-８-２　インターネットへの接続方式】

接続方式	概要
ダイアルアップ接続	電話回線を利用した接続
ＡＤＳＬ接続	電話回線を利用した高速通信。速度が非対称で上りより下りが速い
光ファイバ接続	光ファイバを用いた接続で、高速かつ安定的な通信が可能

2　インターネットで使われる技術

【２-８-３　インターネット技術一覧】

技術名	概要
ＤＮＳ（ドメインネームシステム）	ＵＲＬに指定された文字を、それに紐付くＩＰアドレスに変換します。
グローバルＩＰアドレス プライベートＩＰアドレス	グローバルＩＰアドレスは、世界で固有のものです。しかし、グローバルＩＰアドレスには物理的上限があるため、すべてのコンピュータにＩＰアドレスを割り当てることはできません。そのため、企業内ＬＡＮのパソコンには、プライベートＩＰアドレスを割り当てます。
ＮＡＴ（Network Address Translation） ＩＰマスカレード	グローバルＩＰアドレスとプライベートＩＰアドレスを変換します。 ＮＡＴは１対１で、ＩＰマスカレードは１対多で変換します。
ＤＨＣＰ（Dynamic Host Configuration Protocol）	ＩＰアドレス等を自動的に割り当てるプロトコルです。

3　インターネットの応用

【２-８-４　インターネット応用技術一覧】

技術名	概要
イントラネット	インターネット技術を利用した企業内ネットワークです。 ＥＤＩ等の企業外の商取引はエクストラネットと呼びます。
ＶＰＮ（Virtual Private Network）	インターネット上に仮想的な専用線ネットワークを構築します。
ＶｏＩＰ（Voice over Internet Protocol）	ＩＰプロトコルを利用し、パケット化した音声データで通信する内線網です。

Keyword

▶ ＮＩＣ（Network Information Center）

グローバルＩＰアドレスの割当や管理を行う団体です。地域別に分かれていて、日本では、ＪＰＮＩＣが担当しています。

▶ プロキシサーバ（代理サーバ）

プライベートＩＰアドレスを持つパソコンの代理として、グローバルＩＰアドレスを保有します。プライベートＩＰアドレスを持つパソコンのアクセスする情報をため込む、混雑緩和のためのサーバです。このような機能をネットワークキャッシュと呼びます。

また、ＬＡＮの外から見たときに、プロキシサーバの内側に接続されるパソコンが隠ぺいされるので、セキュリティ機能を高めます。

過去問 トライアル解答 ア

☑チェック問題

ＤＮＳとは、グローバルＩＰアドレスをプライベートＩＰアドレスに変換するサーバである。 ⇒×

▶ ＤＮＳ（Domain Name System）とは、インターネット上のホスト名や電子メールのドメイン名とＩＰアドレスを対応させるシステムのことである。ＩＰアドレスは、インターネットに接続するコンピュータやネットワークそれぞれに割り振られた識別番号であり、インターネット上の‘住所’に相当する。ただし、このような数字の羅列は、人にとって理解しづらいため、ある程度分かりやすい別名として管理されるようになり、この別名のことをホスト名（ドメイン名）と呼ぶ。例えば、ＬＥＣホームページのＩＰアドレスは「203.180.143.156」であり、ホスト名は、「www.lec-jp.com」となる。このようにホスト名とＩＰアドレスを紐付け、変換する機能がＤＮＳである。なお、グローバルＩＰアドレスをプライベートＩＰアドレスに変換する機能は、ＮＡＴ（Network Address Translation）、およびＩＰマスカレード（ＮＡＰＴ：Network Address Port Translation）である。

システムの性能と信頼性
性能

学習事項 スループット，レスポンスタイム，ターンアラウンドタイム

このテーマの要点

システム性能の評価方法を理解しよう

システムは、ただ動作すればよいわけではなく、所定の性能（必要なデータ量を、ユーザが満足できる速度で処理する能力）を発揮するものでなければなりません。そして、システムの性能は、そのシステムの目的によって重視すべき指標が異なるものです。

システムの性能を測る指標として代表的なものを理解してください。

過去問トライアル	平成29年度　第2問 システムの性能指標について
類題の状況	R04-Q21　H27-Q11　H24-Q8　H19-Q10

業務にＰＣを導入しようとするとき、処理速度を検討する必要がある。ＰＣの処理速度は多くの要因によって変化し、その評価尺度もさまざまである。

ＰＣの処理速度や評価尺度に関する記述として、最も適切なものはどれか。

ア　実際に使用するアプリケーションの処理内容を想定し、それらに特有な命令を組み合わせた命令ミックスを用いて性能評価することをＭＩＰＳと呼ぶ。

イ　数値演算を行う場合、同じ数値を整数として演算する場合に比べ小数点付き数値として演算する方が処理が遅いのは、浮動小数点を用いる仕組みを使用しているためである。

ウ　整数演算の命令を実行させ、１秒間に実行できた命令数を表す指標がＦＬＯＰＳで、この逆数が平均命令実行時間である。

エ　単位時間当たりの命令実行数はＣＰＵのクロック周波数の逆数で表される。この値が大きく、またＣＰＩ（Cycles Per Instruction）の値も大きいほど高速にプログラムが実行できる。

1 素子レベルの性能

①クロック周波数

コンピュータ内部の各電子回路は、クロックと呼ばれるタイミング信号に合わせて動作しており、クロックのテンポが速い（クロック周波数が高い）ほど、処理速度が速いことになります。

②アクセスタイム

コンピュータ内部でＣＰＵが記憶装置にデータの読み書きを行うのに要する時間のことであり、この時間が短いほど性能がよいことになります。

③ｂｐｓ（bits per second）

通信回線などのデータ転送速度の単位であり、１bpsは１秒間に１ビットのデータを転送できることを意味します。この数値が大きいほど性能がよいことになります。

2 命令処理の性能

①ＭＩＰＳ（Million Instructions Per Second）

１秒間に何百万個の命令を実行できるかを表す性能指標です。ＭＩＰＳは、「ミップス」と読みます。この数値が大きいほど性能がよいことになります。

②ＦＬＯＰＳ（Floating point number Operations Per Second）

１秒間に何回浮動小数点演算（実数計算）ができるかを表す性能指標です。ＦＬＯＰＳは、「フロップス」と読みます。この数値が大きいほど性能がよいことになります。科学技術計算等を行うスーパーコンピュータなどの性能指標として用いられます。

3 トランザクション処理の性能

①スループット

単位時間あたりに処理できるデータ量のことです。具体的には、１時間あたりのトランザクション処理量などを指します。この数値が大きいほど性能がよいことになります。

なお、トランザクションとは、関連する複数の処理を１つにまとめた処理単位です。

②レスポンスタイムとターンアラウンドタイム

レスポンスタイムは、コンピュータに対して処理の要求が完了してから、処理結果が出始めるまでの時間のことです。この時間が短いほど性能がよいことになります。

ターンアラウンドタイムは、コンピュータに対して処理の要求が開始されてから、処理結果が完全に返ってくるまでの時間のことです。この時間が短いほど性能がよいことになります。

【2-9-1　レスポンスタイムとターンアラウンドタイム】

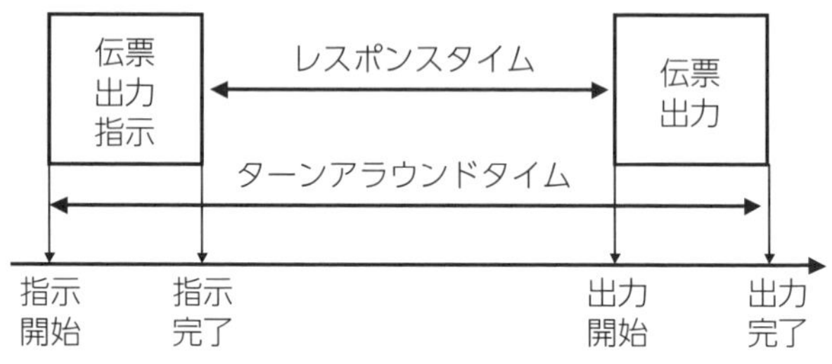

Keyword

▶　ベンチマーク

コンピュータ同士の性能を比較する指標のことです。

▶　ＴＰＣベンチマーク

システムの処理性能に関する指標を策定する目的で設立された団体ＴＰＣ(Transaction Processing performance Council）が提唱するベンチマークのことです。

過去問 トライアル解答　イ

☑チェック問題

ターンアラウンドタイムとは、コンピュータシステムに対して、端末からある処理の処理要求を開始した時点から、その結果の出力が終わるまでの時間のことである。

⇒○

MEMO

システムの性能と信頼性
稼働率

学習事項　ＲＡＳＩＳ，稼働率，バスタブ曲線

このテーマの要点

稼働率の計算を理解しよう

システムの稼働率を、しっかり計算できるようにします。

$$稼働率=\frac{MTBF}{MTBF+MTTR}=\frac{稼働時間}{評価対象時間の全体}$$

上の式のように、システムが動いている平均時間をＭＴＢＦ、止まっている平均時間をＭＴＴＲと表現しますので併せて覚えてください。

過去問トライアル	平成29年度　第13問 システムの稼働率計算
類題の状況	R01-Q13　H30-Q11　H22-Q23　H20-Q12

業務に利用するコンピュータシステムが、その機能や性能を安定して維持できるかどうかを評価する項目としてＲＡＳＩＳが知られている。

これらの項目に関連する以下の文章の空欄Ａ～Ｄに入る語句の組み合わせとして、最も適切なものを下記の解答群から選べ。

コンピュータシステムの信頼性は、稼働時間に基づいた［　Ａ　］で評価することができ、この値が大きいほど信頼性は高い。

コンピュータシステムの保守性は、修理時間に基づいた［　Ｂ　］で評価することができ、この値が小さいほど保守が良好に行われている。

障害が発生しないようにコンピュータシステムの点検や予防措置を講ずることは［　Ｃ　］と［　Ｄ　］を高める。また、システムを二重化することは、個々の機器の［　Ｃ　］を変えることはできないがシステムの［　Ｄ　］を高めることはできる。

〔解答群〕

ア　Ａ：ＭＴＢＦ　　　Ｂ：ＭＴＴＲ
　　Ｃ：信頼性　　　Ｄ：可用性

イ　Ａ：ＭＴＢＦ/(ＭＴＢＦ＋ＭＴＴＲ)　　　Ｂ：ＭＴＢＦ
　　Ｃ：安全性　　　Ｄ：可用性

ウ　Ａ：ＭＴＢＦ/(ＭＴＢＦ＋ＭＴＴＲ)　　　Ｂ：ＭＴＴＲ
　　Ｃ：信頼性　　　Ｄ：保全性

エ　A：MTTR　　B：MTBF/(MTBF+MTTR)
　　C：安全性　　D：保全性

1 RASIS

システム全体の信頼性を評価する考え方に、RASISがあります。

【2-10-1　RASIS】

RASIS	日本名	備考
Reliability	信頼性	MTBF (Mean Time Between Failures：平均故障間隔)
Availability	可用性	稼働率
Serviceability	保守性	MTTR (Mean Time To Repair：平均修理時間)
Integrity	保全性	整合性を保つ
Security	機密性	セキュリティを保つ

2 稼働率の計算方法

稼働率を計算することで、システムの信頼性を評価することができます。

【2-10-2　稼働率の計算方法】

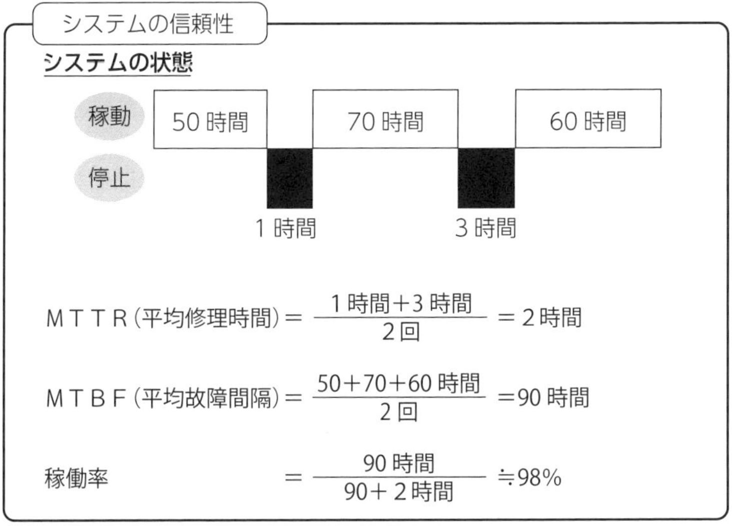

①直列システムの計算方法

【2-10-3　直列システム稼働率の計算方法】

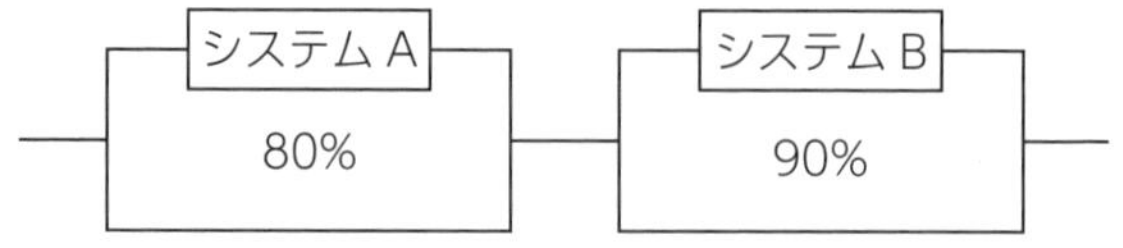

80%×90%＝72%(直列の稼動率)

②並列システムの計算方法

【2-10-4　並列システム稼働率の計算方法】

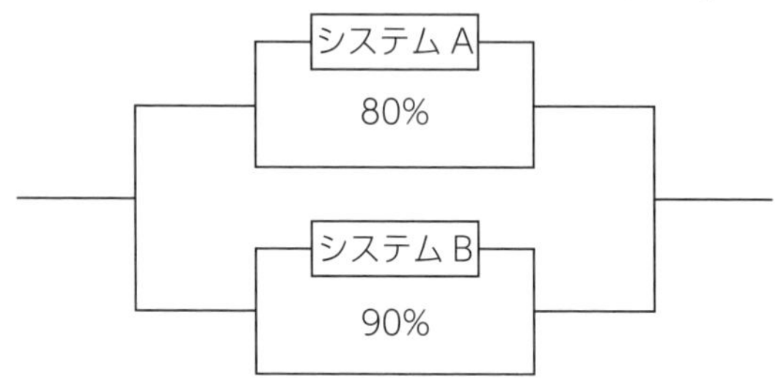

1－(1－80%)×(1－90%)＝98%(並列の稼動率)

③直列システム＋並列システムの計算方法

直列システムの稼働率を「A」、並列システムの稼働率を「B」とするなら、「A×B」が直列システム＋並列システムの稼働率となります。

Keyword

▶　バスタブ曲線

機器の信頼性を評価する指標の1つ。故障率と経過時間の関係をグラフで表します。

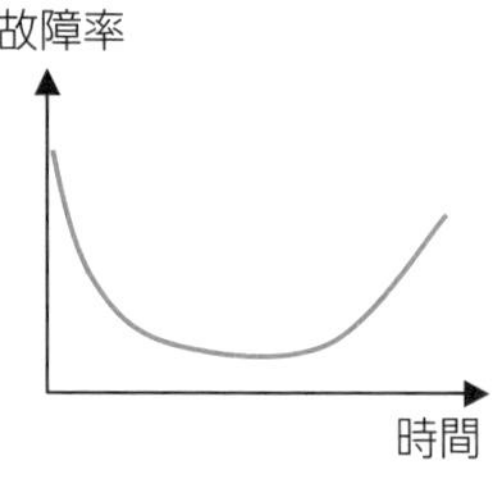

導入段階での故障を、初期故障。中間段階での故障を、偶発故障。後期段階での故障を、摩耗故障といいます。

過去問 トライアル解答　ア

☑チェック問題

可用性の指標は平均故障間隔（ＭＴＢＦ）である。 

▶ ＭＴＢＦは信頼性の指標である。可用性の指標は稼働率である。

システムの性能と信頼性

障害対策

学習事項 フェールソフト，フェールセーフ，デュアルシステム，デュプレックスシステム

このテーマの要点

様々なシステム障害対策の技術を覚えよう

障害対策には様々な技術や方法が使われています。障害には、システムの例外処理などのソフト面の問題と、災害などのハード面の問題によって生じるものがあります。これらの障害が起きてもシステム全体としての可用性を確保していく必要があります。

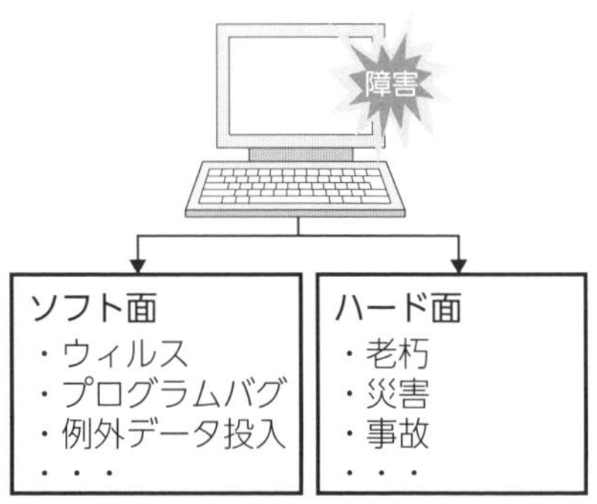

過去問トライアル	平成21年度　第11問 システムの構成方法について
類題の状況	R05-Q6(再)　R03-Q20　H27-Q12　H26-Q7　H19-Q11

業務処理に用いるコンピュータシステムでは、負荷分散、信頼性向上、障害対策などに注意を払う必要がある。コンピュータシステム構成方法に関する、次の文中の空欄A～Dに入る語句の組み合わせとして最も適切なものを下記の解答群から選べ。

信頼性を上げるために2系統のシステムを用意し、処理を並列に行わせて一定時間ごとに処理結果の照合を行い、機器故障時は故障した装置を切り離して処理を続行する仕組みを［ A ］という。

一方、複数の演算処理装置を設置するものの［ B ］は共有して利用する方法で処理効率を向上させる仕組みを［ C ］という。この仕組みも、一部の演算処理装置に故障が発生した場合に処理の続行が可能である。

コンピュータシステム運用の際、故障が発生しても処理を中断することなく機能を維持しようとするシステム構成方法を［ D ］という。

〔解答群〕

ア　A：タンデムシステム　　B：レジスタや外部記憶装置
　　C：デュプレックスシステム　　D：フールプルーフ

イ	A：デュアルシステム	B：主記憶装置や外部記憶装置
	C：マルチプロセッサシステム	D：フェールソフト
ウ	A：デュプレックスシステム	B：主記憶装置やキャッシュ
	C：タンデムシステム	D：フェールセーフ
エ	A：ロードシェアシステム	B：レジスタや制御装置
	C：デュアルシステム	D：フェールセーフ

1 フォールトトレランス技術

フォールトトレランス技術とは、システム障害が発生することを前提として、システム全体としての可用性を確保するための技術です。障害そのものの発生を少なくする考え方をフォールトアボイダンスといいます。

【2-11-1　フォールトトレランス技術】

名称	概要
フェールソフト	システムの故障箇所を切り離す。 処理性能を減衰させてでも、必要機能のみを維持させて運用するものです。
フェールセーフ	システムが故障したら安全に停止する。 全体を赤信号で停止させるといった対応をとり、全体の安全性を優先させるものです。

2 ハードウェアの冗長化

①デュアルシステム

デュアルシステムとは、複数のＣＰＵや記憶装置等を同時に稼動させ、処理結果を照合させるシステム構成のことです。

【2-11-2　デュアルシステム】

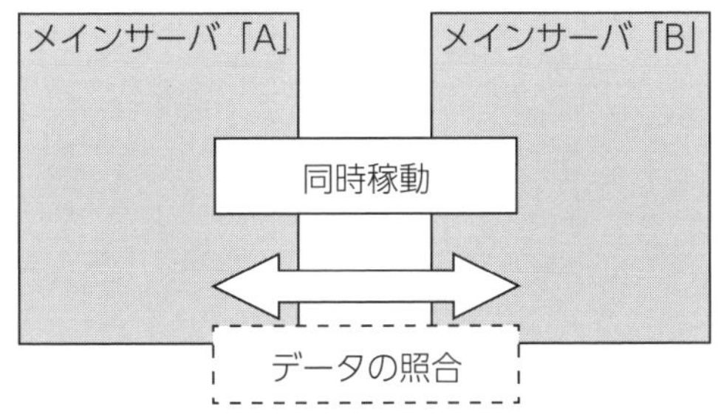

②デュプレックスシステム

デュプレックスシステムとは、複数のＣＰＵや記憶装置を保有し、状況に応じて切り替えて使用するシステム構成のことです。実際に切り替えることを、フェールオーバーといいます。

【2-11-3　デュプレックスシステム】

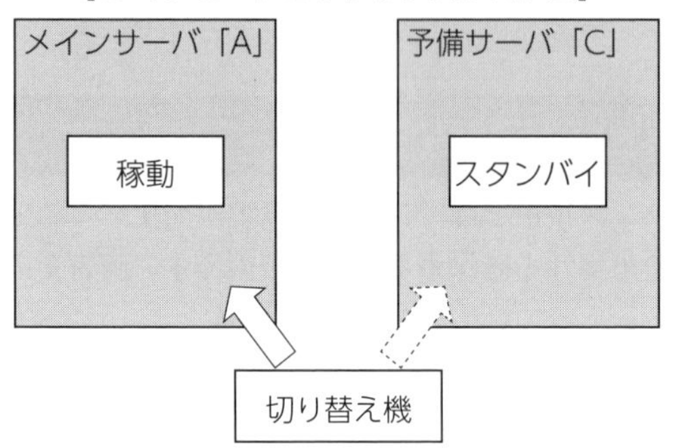

予備のスタンバイには、３つの種類があります。

①　コールドスタンバイ　　電源を切って待機させる
②　ウォームスタンバイ　　ＯＳだけ起動させておく
③　ホットスタンバイ　　　すべて起動させておく

切り替えにかかる時間の短い順は、ホットスタンバイ⇒ウォームスタンバイ⇒コールドスタンバイ、となります。

Keyword

▶ タンデムシステム

システムを直列で構成します。その代わり、可用性は低下します。

▶ フォールバック（縮退運転）

処理性能を減衰させてシステムを運用することです。

▶ ロードシェアリング

複数のＣＰＵや記憶装置を接続し、各ＣＰＵや記憶装置で分担して処理を行うことで、負荷分散を実現するシステムのことです。

▶ クラスタリング

複数のＣＰＵや記憶装置で構成し、全体で１つのコンピュータであるように利用することです。

▶ フールプルーフ

利用者の間違った操作を防止するためのもの。ポップアップで確認メッセージを表示するものなどがあります。

過去問 トライアル解答　イ

☑チェック問題

信頼性を上げるために２系統のシステムを用意し、処理を並列に行わせて一定時間ごとに処理結果の照合を行い、機器故障時は故障した装置を切り離して処理を続行する仕組みをデュプレックスシステムという。　⇒×

▶ デュアルシステムの内容である。デュプレックスシステムは、１系統をメインで使用し、障害が発生した際に待機系と切り替えて使用する。

12 システムの性能と信頼性 RAID

学習事項 RAID，ストライピング，ミラーリング

このテーマの要点

RAIDを代表とした障害対策を覚えよう

RAIDはディスクアレイの一種です。ディスクアレイとは、複数のハードディスクを論理的に１つにまとめることです。

ハードディスクに障害が発生した場合に備えた対策としてRAIDはしっかりと覚えておきましょう。

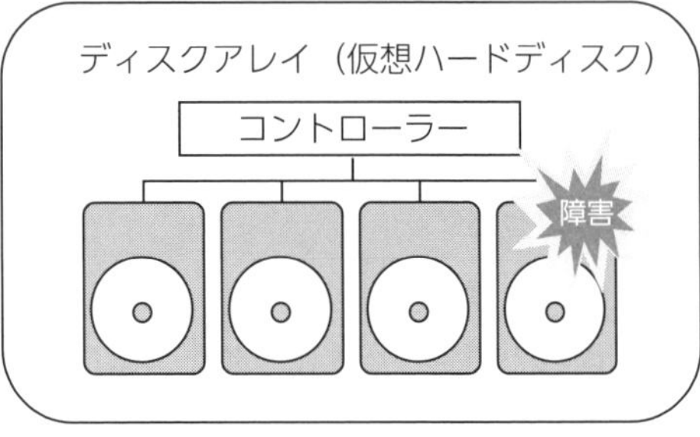

過去問トライアル	平成18年度　第２問
	コンピュータの二重化
類題の状況	H18-Q11

最近のパーソナルコンピュータ（パソコン）で利用される処理速度の高速化技術は、「二重化（デュアル）」がキーワードとなっているが、これに関する記述として最も適切なものはどれか。

ア　ＲＡＩＤ１は、ハードディスクを二重化することによってディスクアクセスの速度を向上させる技術で、冗長性を備えていない。

イ　デュアルコア技術は、１つのＬＳＩチップに２つのＣＰＵを搭載して処理速度を高速化するものである。

ウ　デュアルチャネルモードは、２つの異なるタイプのメインメモリを組み合わせることでメモリアクセスを高速化する技術である。

エ　デュアルポートＲＡＭは、グラフィックカードを２枚装着して処理速度を高速化する技術である。

1 RAID

RAID（Redundant Arrays of Inexpensive Disks）とは、複数のハードディスクを組み合わせて1台の仮想的なハードディスクとすることで、信頼性向上や書き込み、読み出しの速度向上を実現させるものです。

【2-12-1 RAID一覧】

名称	特徴	最小ディスク数	ポイント
RAID0	ストライピング	2台	速度が速い
RAID1	ミラーリング	2台	信頼性が高い
RAID5	ストライピング +パリティ分散	3台	ディスクが1台故障しても復元可能 速度がやや高く、信頼性もやや高い
RAID6	ストライピング +パリティ分散（2つ）	4台	ディスクが2台故障しても復元可能 RAID5や10と比べ書き込みは遅い
RAID10 (1+0)	ミラーリング +ストライピング	4台	速度が速く、信頼性も高い

※ パリティとは、データの誤り検出・訂正を行うための符号です。

2 ストライピングとミラーリング

①ストライピング

ストライピングとは、データを複数のハードディスクに分割して格納させることです。

【2-12-2 ストライピング】

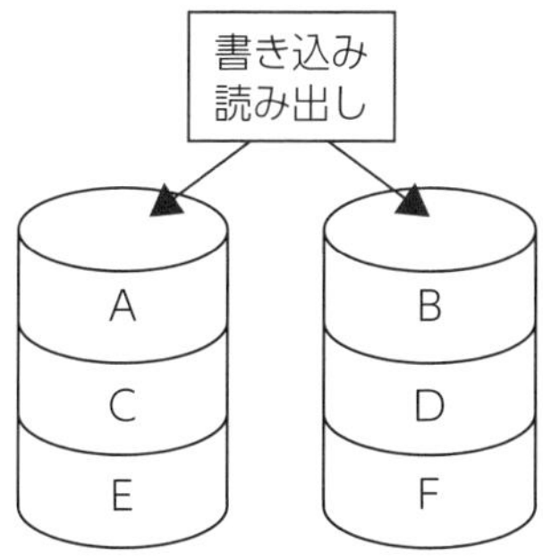

②ミラーリング

ミラーリングとは、同じデータを複数のハードディスクに格納することです。

【2-12-3　ミラーリング】

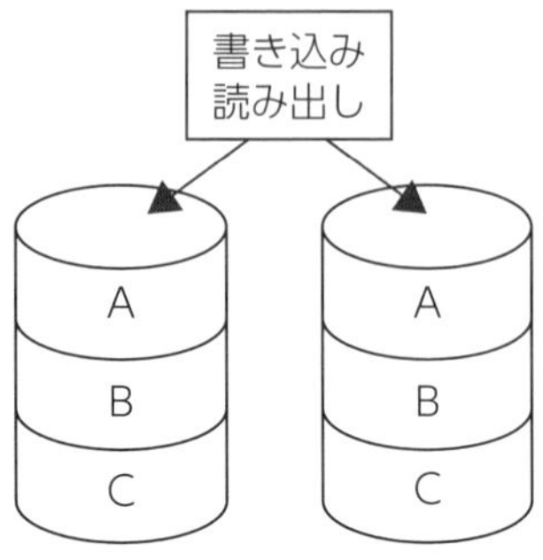

3 RAID5

パリティがあることにより、1台のデータベースが故障した場合に、データの復旧が可能となります。また、ストライピング形式で書き込み・読み出しを実行するため高速です。

【2-12-4　RAID5】

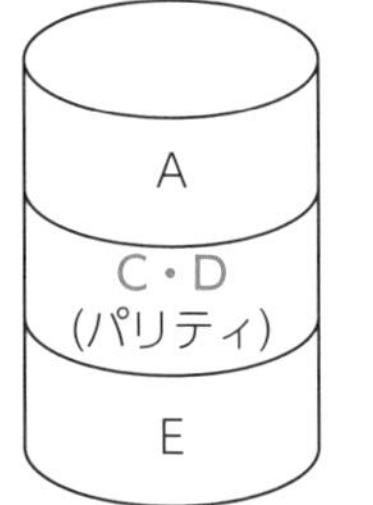

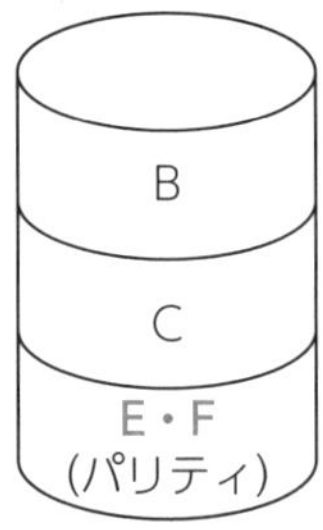

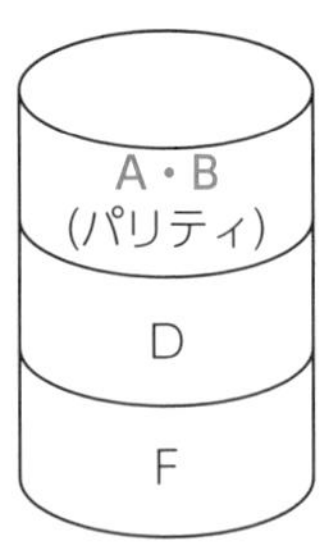

4 RAID6

【2-12-5　RAID6】

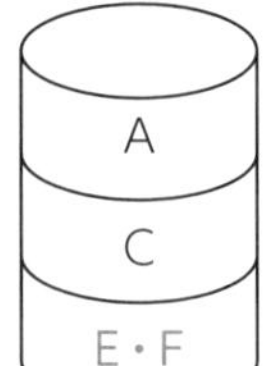

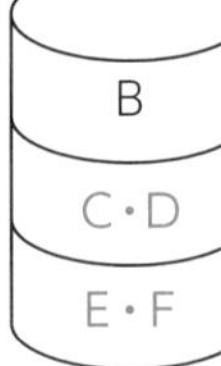

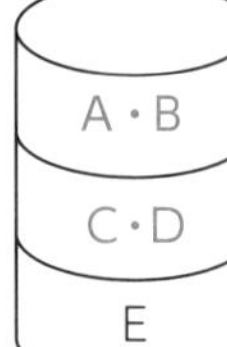

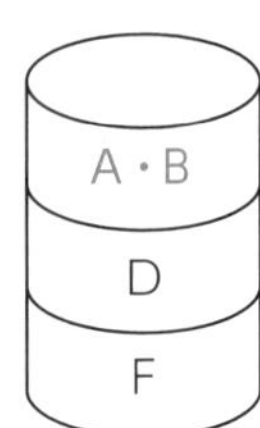

5 ＲＡＩＤ10

【2-12-6　ＲＡＩＤ10】

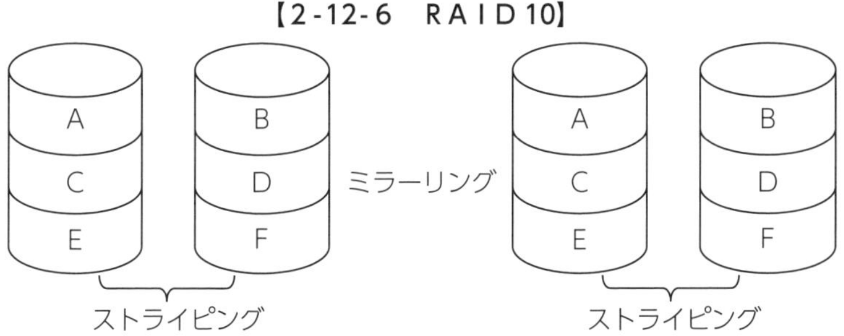

過去問 トライアル解答 イ

☑チェック問題

ＲＡＩＤ0のミラーリングでデータ同期レプリケーションを実現する。　⇒×

▶　ＲＡＩＤ0（Redundant Arrays of Inexpensive Disks 0）はストライピングである。ストライピングとは、データを２つ以上のハードディスクに分けて同時に書き込むことでデータ転送の高速化を図る技術であり、レプリケーションには関係ない。ＲＡＩＤ1がミラーリングである。

13 システムの性能と信頼性 ＢＣＰ

学習事項 BCP, バックアップ, UPS, レプリケーション

このテーマの要点

障害対策に関連する知識を覚えよう

障害対策に関連する知識はたくさんあります。１つ１つの概要を整理しながら押さえてください。ＢＣＰをベースに、その中での具体的な対策としてのＵＰＳやバックアップなどを学習していきましょう。

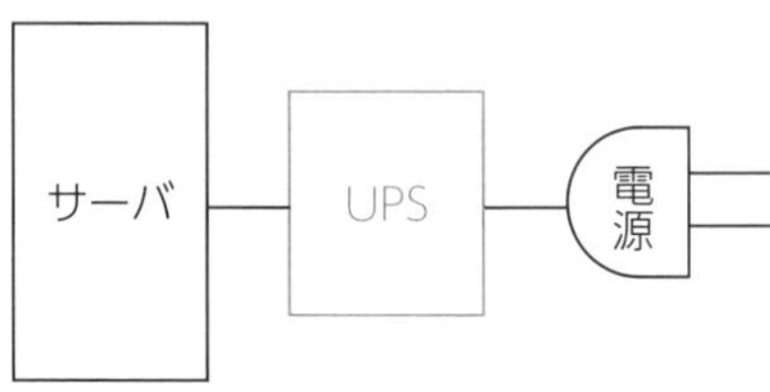

過去問トライアル	平成21年度　第21問
	障害対策と信頼性
類題の状況	H30-Q24　H18-Q7

ある企業ではインターネットを通じて商品販売をしている。そのデータ処理の信頼性を高めるために、データ同期レプリケーションでゼロデータロスを実現したい。この実現形態として最も適切なものはどれか。

ア　ＲＡＩＤ０のミラーリングでデータ同期レプリケーションを実現する。

イ　複数のハードディスクに対して相互に書き込み完了を確認し合う形態によって、データ書き込みを完全二重化する。

ウ　マスターシステムの更新完了後に、予備システムにデータを転送して更新させる形態のデータ同期レプリケーションにする。

エ　マスターシステムのハードディスクへの書き込みに失敗した場合にも、予備システムで処理を継続できるようにする。

1 ＢＣＰ

ＢＣＰ（事業継続計画：Business Continuity Plan）とは、災害や事故など予期せぬ障害時に事業を継続させるための、事前計画のことです。自社の業務プロセスが抱えるリスクと影響度を明確にし、実際に障害が起きた際に、どの優先度で対応するかなどを計画します。このためにまずは、ビジネスインパクト分析を行うことが重要です。ビジネスインパクト分析とは、業務プロセスの一部が停止した場合などに、事業全体が受けるであろう影響度を定量的かつ定性的に分析しておくことです。

このような計画作成から業務分析・業務改善などの一連の管理活動を、ＢＣＭ（Business Continuity Manegement）といいます。

2 様々な障害対策

ＵＰＳ (Uninterruptible Power Supply)	無停電電源装置と呼ばれ、内蔵バッテリからコンピュータへ電源を供給する装置です。停電時に活用されます。
バックアップ	データを予備として別に保存しておくことです。 フルバックアップ、増分バックアップ、差分バックアップの種類があります。

3 バックアップ詳細

① フルバックアップ

すべてのデータをバックアップすることです。大きなバックアップ媒体容量が必要になります。

② 増分バックアップ

前回のバックアップファイル（フルバックアップもしくは増分バックアップ）からの増分のみを保存することです。障害発生時に最新の状態に復元するためには、フルバックアップファイルデータをリストア（復元）した後､増分バックアップファイルで更新します。フルバックアップ後に複数の増分バックアップファイルがある場合、そのすべての増分バックアップファイルで更新します。

③ 差分バックアップ

前回のフルバックアップファイルとの差分を保存することです。フルバックアップ後の更新があるたびに、フルバックファイルとの差分を保存するため、増分バックアップに比べ保存容量が大きくなります。最新の状態に復元するためには、フルバックアップデータを最新の差分バックアップファイルで更新します。

【2-13-1　各バックアップの相違点】

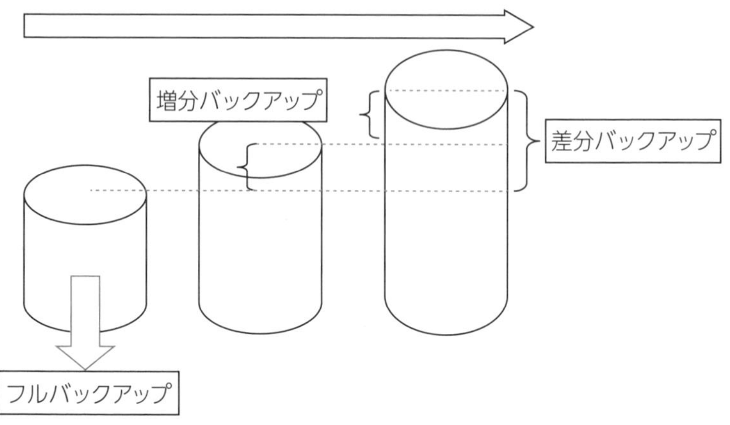

Keyword

▶　レプリケーション

データの複製（レプリカ）を用意することです。データ同期レプリケーションとは、データ内容を時間差なく複製し、主となるデータと複製データが完全に同じ状態であることが保証されるものです。データ非同期レプリケーションとは、主となるデータと複製データが時間差で同じ状態になります。

過去問 トライアル解答　**イ**

☑チェック問題

無停電電源装置は、風水害や事故などでの電力供給停止への対策として唯一の方法である。　⇒×

▶　電力供給停止の対策としては、自家発電等の方法がある。本問のように「唯一」と限定することが間違いとなる。

経営情報管理

Business Information Management

第3分野

情報システム

テーマ別ガイダンス

情報システム

1 各テーマの関連

経営情報管理の情報システムの分野では、はじめに経営戦略と情報システムの位置づけについて学習します。「３－２　クラウドコンピューティング」に登場するクラウドは、今日では情報システムの一般的な形態になりつつありますが、歴史や用途によって情報システムの形態は変化を続けており、その大きな流れをつかんでもらうのが最初の目的となります。さらに、最新技術動向も併せて確認していくことになります。

次に、情報システムの開発の分野では、情報システム開発の進め方を学習します。「３－４　ソフトウェア開発モデル」では、時代の流れとともに変化を遂げてきた、様々な開発モデル（開発工程の進め方を標準化したもの）の特徴を確認していきます。「３－５　見積・テスト・レビュー」では、ソフトウェアを製造し始める前に行う見積の方法や、製造後のテストの種類や方法、そして各工程で実施するレビューの種類や方法について確認していきます。

続いて、「３－６　開発技法の変遷」では、システムの構造化技法について学習します。ここではＳＯＡなどのアーキテクチャを学習しますが、タイトルに変遷とあるように、変化していく構造化技法の流れも確認していきます。次に、「３－７　システム開発のためのダイヤグラム」では、ソフトウェア開発に利用される図（ダイヤグラム）を学習します。それぞれの図の用途と典型的な図のイメージを把握する必要があります。

最後に、プロジェクト管理の分野を学習します。今日では、情報システム開発のみならず、多くのプロジェクトが存在しますので、プロジェクト管理の重要性が高まっています。その中でも、「３－８　プロジェクト管理」といった管理手法について確認していきます。

2 出題傾向の分析と対策

① 出題傾向

#	テーマ	H26	H27	H28	H29	H30	R01	R02	R03	R04	R05
3-1	情報システムの変遷						1				
3-2	クラウドコンピューティング	1	1	1	1		1	1	1		
3-3	ＩＴ戦略と時事論点	1								1	1
3-4	ソフトウェア開発モデル	1	1	1	1		1		1	1	1
3-5	見積・テスト・レビュー		1	1	2	2	1				
3-6	開発技法の変遷	1						1	1		
3-7	システム開発のためのダイヤグラム	1	1			1		1	1	1	2
3-8	プロジェクト管理	1			1	1		1		1	1

② 対策

情報システムの分野では、「３－４　ソフトウェア開発モデル」の出題が多いです。まずは基本となるウォータフォールモデルの各工程での実施内容や進め方を確認してください。その上で、アジャイル開発といった今日的な開発モデルを学習し、ウォータフォールモデルとの違いを把握してください。

次に、ＩＴの最新動向として、ここ数年、毎年のように出題されるのが「３－２　クラウドコンピューティング」です。クラウドにはどういった特徴があるのかとともに、情報システム自体の変遷の歴史も併せて確認しておく必要があります。また、情報システム開発における中小企業診断士の役割としては、プログラムを作ることではなく、全体のシステム企画をたてたり、システムの運用を考えたりということが挙げられます。そのため、各システム開発工程の中でも、企画や設計工程、または、システムテスト工程、運用テスト工程などが多く出題されているので、「３－５　見積・テスト・レビュー」は確実に押さえておく必要があります。

「３－６　開発技法の変遷」や、「３－７　システム開発のためのダイヤグラム」は、概念的な内容や細かな知識が必要であったりしますので、難易度は高くなりがちです。

最後に「３－８　プロジェクト管理」は、細かな知識も問われるようになってきています。まずは、ＰＭＢＯＫなどのプロジェクト管理の基本を押さえる学習を心がけてください。

MEMO

経営戦略と情報システム

情報システムの変遷

学習事項 ダウンサイジング/オープン化，ネットワーク技術の発達，BPR，ERP，CRM，SCM

このテーマの要点

経営を支える情報システムの概要を知ろう

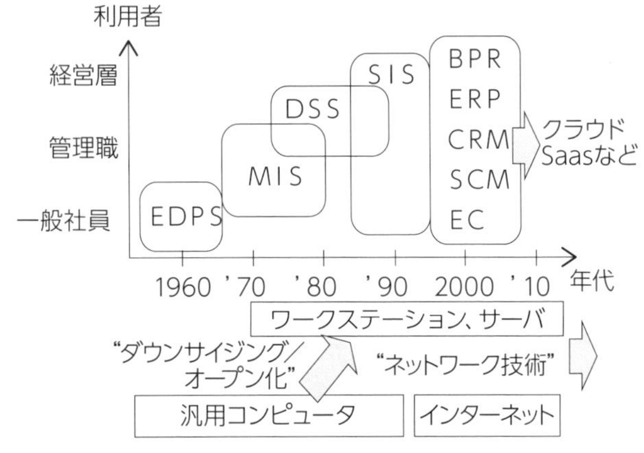

情報システムは、当初はコンピュータを使って業務を効率化する目的で開発されました。その後、ＩＴ技術の進歩とともに、情報システムの目的も変化してきました。特に、1990年代に入り、情報システムに２つの大きな変化が起こりました。１つ目は、コンピュータのダウンサイジング（小型化）や、それに伴うオープン化（ハードウェアやＯＳがインタフェースを公開すること）です。２つ目は、ネットワーク技術の進展とインターネットの普及です。これら２つのＩＴ技術の大きな変化により、情報システムは、企業が経営戦略を実現する手段として位置づけられるようになりました。さらに、インターネットが普及し、Ｗｅｂコンピューティングが発達した現在、インターネット経由でコンピュータ・サービスを提供するクラウドコンピューティングが広がりつつあります。

過去問トライアル	平成18年度　第14問 システムの導入目的について
類題の状況	R01-Q15　H24-Q13

ますます厳しさを増している競争環境において企業を維持発展させるためには、情報技術を巧みに駆使して企業情報システムを構築することが重要な課題になっている。このようなシステム構築のための一般的な前提や考慮すべき点に関する記述として、最も適切なものはどれか。

ア　既存の業務や管理活動をそのまま自動化できるように構築する。
イ　経営戦略の策定プロセスの効率化と戦略案の質的向上を図る、いわゆる「戦略情報システム（ＳＩＳ)」として構築する。
ウ　どのような競争環境であろうと、取引先や消費者の求める価値や要求はおのおの共通であるという前提のもとに機能要件を確定して構築する。
エ　取引先や消費者にもシステム構築プロセスに参画してもらい、また顧客の消費・利用プロセスまでも支援する発想で構築する。

1 情報システムの変遷

データ処理システム（ＥＤＰＳ）	1960年代以前に開発され、当時手作業で行われていた業務をコンピュータで処理するシステムで、事務作業を省力化することが目的でした。
経営情報システム（ＭＩＳ）	1960年代に入って開発された、経営者に対して経営に必要な情報を提供することを目的とするシステムです。しかし、提供する情報が膨大で経営者が有効活用できず、失敗しました。
意思決定支援システム（ＤＳＳ）	1970年代に入って開発されたシステムで、ＭＩＳの失敗を教訓とし、経営者が直接コンピュータを操作し、経営に必要な情報を得ることを目的とした対話型の情報システムでした。
戦略的情報システム（ＳＩＳ）	1980年代に入って登場し、情報システムそのものを経営戦略として捉えるものでした。企業は業界内の競争優位を確立するため、情報システムに積極的に投資するようになりました。

2 企業革新と情報システム

① ビジネスプロセス・リエンジニアリング

ビジネスプロセス・リエンジニアリング（BPR）とは、顧客満足の視点から、企業の業務内容や仕事の流れ（ビジネスプロセス）を抜本的に革新するという考え方です。ＢＰＲを実現するために、ＥＲＰ、ＣＲＭ、ＳＣＭなどのシステムが開発されました。これらのシステムは、コンピュータのダウンサイジングやオープン化といった技術動向にも支えられ、多くの企業に広まっていきました。ＢＰＲは、1990年代にマサチューセッツ工科大学のマイケル・ハマーらによって提唱されました。

ERP	財務、人事、生産、物流、販売などの企業の基幹業務を一元管理することで、経営資源の全体最適を実現します。
CRM	企業が顧客との関係を深め、顧客満足度を高めることで顧客を常連客として囲い込み、収益率の極大化を目指す仕組みのことです。
SCM	主に製造業、流通業において、生産から消費までの流れを「サプライチェーン」（供給の連鎖）と捉え、情報を共有することにより、サプライチェーン全体の最適化を目指す情報システムです。
SFA	営業支援のためのシステムです。主に新規顧客開拓を支援する仕組みです。

OnePoint　情報システムの略語展開

EDPS	Electronic Data Processing System
MIS	Management Information System
DSS	Decision Support System
SIS	Strategic Information System
BPR	Business Process Re-engineering
ERP	Enterprise Resource Planning
CRM	Customer Relationship Management
SCM	Supply Chain Management
SFA	Sales Force Automation
EC	Electronic Commerce
EDI	Electronic Data Interchange

過去問 トライアル解答　エ

☑チェック問題

中小企業の情報戦略において、ＥＲＰを導入することはビジネス社会ではもはや避けて通れない。遅れていた当社の業務ＩＴ化を挽回し、競争優位を実現するためにも、コンピュータベンダーの進言でＥＲＰの全面的導入を即決した。⇒×

▶ ＥＲＰパッケージはベストプラクティスやグローバルスタンダードを適用する際に導入するものである。ＥＲＰに合わせて自社の業務プロセスを変更することになるため、コンピュータベンダーの進言で導入するのではなく、自社のあるべき業務プロセスを検討した上で慎重に導入を決定すべきである。

経営戦略と情報システム

クラウドコンピューティング

学習事項 クラウドコンピューティング，ＳａａＳ

このテーマの要点

クラウドコンピューティングについて理解しよう

クラウドコンピューティングとは、インターネット経由で、コンピュータ・サービスを提供するコンピュータの利用形態です。クラウドとは「雲」のことですが、コンピュータシステムのイメージ図を描く際にネットワークを雲の形で表すことが多いことから、この名称になったといわれています。

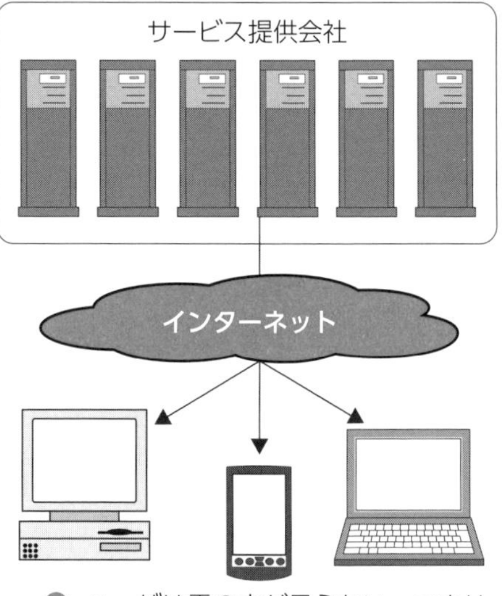

過去問トライアル	平成23年度　第16問 クラウドコンピューティング
類題の状況	R03-Q7　R02-Q13　R01-Q23　H29-Q23　H28-Q22 H27-Q15　H26-Q19　H25-Q16　H24-Q16　H21-Q15

高額なソフトウェアやサーバを直接購入しなくても、膨大なＩＴ資源を自由に使えるとうたっているクラウドコンピューティングが注目されている。クラウドコンピューティングに関する記述として最も適切なものはどれか。

ア　会計システムや人事システムは機密性が要求されるため、クラウドコンピューティングの対象から除外されている。

イ　企業などの組織が利用するのではなく、私的個人を対象にソフトウェアを利用できるようにするサービスは、プライベートクラウドである。

ウ ソフトウェア開発環境、ＯＳ、ハードウェアなどをネットワークを通じて利用できるようにしたサービスは、PaaS型クラウドコンピューティングである。
エ パソコンやプリンタなどのハードウェア本体を貸し出すサービスは、IaaS型のクラウドコンピューティングである。

1 クラウドコンピューティング

クラウドコンピューティングとは、仮想化技術を用いて、インターネット上のどこかにあるハードウェア、ソフトウェア、データなどを、利用者がその所在や内部構造を意識することなく利用できる仕組みです。一方で、自社が管理するサーバなどでシステムを利用することを、オンプレミスと呼びます。オンプレミスでは、自社でサーバ導入から運用保守を実施するためのコストがかかりますが、クラウドコンピューティングではサーバ管理に関する費用は月額利用料に按分されるか、かからなくなることが多いです。

クラウドコンピューティングには、大きくパブリッククラウドとプライベートクラウドがあります。パブリッククラウドは、不特定多数を対象として提供されるクラウドサービスです。プライベートクラウドは、同一企業内または共通の目的を有する企業群を対象として提供されるクラウドサービスです。

2 クラウドコンピューティングのサービス形態

ＳａａＳ	Software as a Service　インターネット経由でソフトウェア（アプリケーション）を提供します。
ＰａａＳ	Platform as a Service　インターネット経由で仮想マシンなどのプラットフォーム（システムの基盤となるハードウェア・ＯＳ・ミドルウェア）を提供します。
ＨａａＳ ＩａａＳ	Hardware as a Service　Infrastructure as a Service インターネット経由で、ハードウェアやＯＳを提供します。

クラウドコンピューティングのサービスの範囲

	ハードウェア・ＯＳ	実行環境※1	業務ソフトウェア
ＳａａＳ	○	○	○
ＰａａＳ	○	○	×
ＨａａＳ/ＩａａＳ	○※2	×	×

※1　データベースなどのミドルウェアを含めた、ソフトウェアの実行に必要な動作環境のこと。
※2　ＯＳが含まれない場合があります。

3 様々なクラウドサービス

クラウドソーシング	クラウド上で仕事を依頼したい人や企業と、仕事を請けたい人や企業を結び付けるサービスです。個人事業主であるフリーランスが登録していることが多いです。
クラウドファンディング	クラウド上で資金調達を実施できるサービスです。投資型や寄付型などの形態がありますが、日本国内では法規制の関係で寄付型が多く存在します。

Keyword

▶ サーバ仮想化

１台のサーバコンピュータをあたかも複数台のコンピュータであるかのように論理的に分割して動作させることです。もともと高性能なサーバコンピュータを仮想化して使っているので、利用者がもっと高機能が必要になった場合は、簡単に設定を行うだけで高機能なＣＰＵやメモリを利用するスケールアップができます。

▶ ＤａａＳ（Desktop-as-a-Service）

パソコンのデスクトップ環境をネットワーク越しに提供するサービスのことです。デスクトップ仮想化とも呼びます。従来からネットワークコンピュータ（ＮＣ）などが存在するため、ＤａａＳといった場合には専門の事業者からインターネットなどを通じてサービスとして購入するものを意味します。

▶ ＭａａＳ（Mobility as a Service）

移動の利便性向上を目指し、複数の公共交通やそれ以外の移動サービスを最適に組み合わせて検索・予約・決済等を一括で行うサービスです。

▶ ＩＤＣ（Internet Data Center）

情報システムを、地震、火事、停電などに強い専用の施設で運用するサービスのことです。ＩＤＣが所有するサーバを用いるホスティング、顧客のサーバをＩＤＣが預かり運用するハウジングの２通りがあります。

▶ ＢＰＯ（Business Process Outsourcing）

システムの開発や運用ばかりでなく、コアビジネス以外の業務の変革や遂行まで外部企業に委託するアウトソーシングの形態です。

過去問 トライアル解答 ウ

☑チェック問題

会計システムや人事システムは機密性が要求されるため、クラウドコンピューティングの対象から除外されている。 ⇒×

▶ 会計システムや人事システムは業務プロセスの標準化が図りやすい分野であるため、販売や生産などの他業務と比べてＳａａＳによる標準的なソフトウェアの提供に向いている分野である。機密性の確保はクラウドコンピューティングの一般的な課題であり、会計システムや人事システムに限った課題ではない。

3　経営戦略と情報システム
ＩＴ戦略と時事論点

学習事項　ＩＴ戦略，ＣＩＯ，ＴＣＯ，ＥＡ

このテーマの要点

ＩＴ戦略の位置づけを理解しよう

ＩＴ戦略は、経営戦略の一環としての位置づけです。経営戦略によって策定された、目標を実現するための具体的な機能戦略の１つがＩＴ戦略となります。組織・人事戦略やマーケティング戦略と同じく、全社的な経営戦略との整合性をとることが必要です。ＩＴ革命により進歩し活用が進んでいるＩＴを利用することで、ＩＴ経営を実現し、競争力を高めることが重要です。

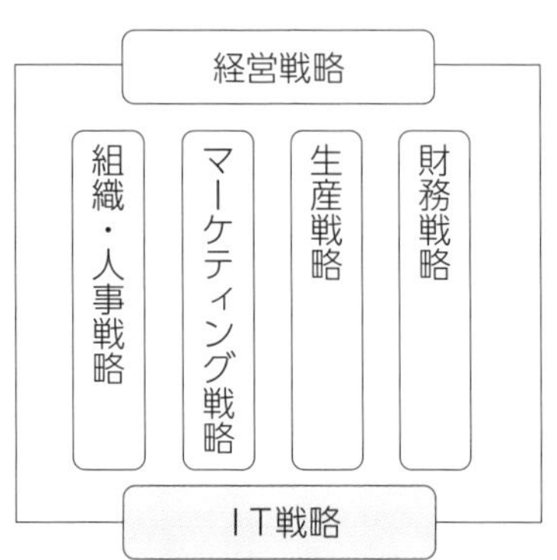

過去問トライアル	平成24年度　第23問 ＩＴ戦略と投資評価
類題の状況	R05-Q15　R04-Q9　H26-Q13　H25-Q18

ある中小製造企業は、顧客の要望に合わせて製品を設計・製造・販売している。

今まで、受注量が少なかったことから、電話やファクシミリ等で顧客への対応をしていた。近年、海外を含めて顧客からの受注が増加している。このような状況から、受発注にかかわる処理、問い合わせやクレーム処理を含めて顧客とのコミュニケーション、社内の製造指示などをシステム化することを検討している。その検討の中での聞き取り調査の結果、経営者や従業員は、このシステム開発の投資評価をはっきりさせておきたいと考えていることが分かった。

投資評価に関する記述として最も適切なものはどれか。

ア　本システムの構築には多様な案が考えられるが、それらを検討する場合に、システム開発のプロジェクト遂行に関するリスクと、システムによってもたらされるベネフィットとの２軸の視点から、それらの案を評価するポートフォリオ分析が有用である。

イ　本システムへの投資をＴＣＯで評価する場合、従業員の教育などにかかわる技術サポートコスト、セキュリティ管理などにかかわる管理コスト、コンピュータの利用にかかわるエンドユーザコストの３つの視点から行う。

ウ　本システムを評価する場合、顧客がどう評価するかが重要であり、このような視点から、顧客ならば提案されたシステムをいくらなら購入するかを算定してもらうリアルオプションプライシングと言われる手法を採用することが妥当である。

エ　本来、システム導入は合理化のためであり、従って、システム導入に際して従業員何人を減らすことができるかを算定できれば、本システムの投資価値は判断できる。

1 ＤＸ（デジタルトランスフォーメーション）

デジタルトランスフォーメーションは、デジタル（ＩＴ）の技術が生活を革新することです。以下の用語を活用した社会の実現を目指します。こういった、近年のＩＴ技術の進展が第４次産業革命（ドイツではインダストリー 4.0）と呼ばれています。

ＩｏＴ (Internet of Things)	モノのインターネットといわれる言葉で、インターネットと接続した機器が自動的にデータ保存や解析、処理の実施などを行う概念全般を指します。
エッジコンピューティング	様々なＩｏＴ機器がクラウドサーバとつながる中で、クラウドサーバへの負荷を軽減するための、中継役のコンピュータを用いたネットワーク技術です。ＩｏＴ機器を束ねる形となります。
ＡＩ	人工知能のこと。機械学習を基本とし、人間の脳の神経細胞を参考にしたニューラルネットワークの技術を使ったものです。
Society 5.0	サイバー空間と現実世界を高度に融合させたもので、日本が目指すべき未来社会の姿です。特にインターネット上に展開される仮想空間をメタバースと呼びます。
ブロックチェーン	仮想通貨（暗号資産）などで利用される、分散型台帳の基本的な技術となります。

2 ＩＴの戦略的導入のための行動指針

経済産業省が体系化した、ＩＴ経営の実践に向けて企業経営者が取り組むべき事項は、以下のようになります。

まず、ＣＩＯ（Chief Information Officer）とは、情報化担当役員（最高情報責任者）のことです。全社的な経営戦略をもとに、ＩＴ戦略を立案する責任者です。ＴＣＯ（Total Cost of Ownership）とは、ＩＴの導入だけでなく、運用・保守まで含めた費用の総額のことです。コンピュータリテラシーといわれる、ＩＴを使いこなすための人材教育も含まれます。

経営戦略とＩＴ戦略の融合	ＣＩＯの役割の明確化や活用に関する内容です。
現状の可視化による業務改革の推進とＩＴの活用による新ビジネスモデルの創出、ビジネス領域の拡大	業務の最適化をＩＴ活用によって実現します。また、新規のビジネスモデルやビジネス領域（立地面や業務内容）の拡大の可能性も考えます。
標準化された安定的なＩＴ基盤の構築	全体最適の観点で、環境変化も考慮したＩＴ導入を考え、基盤を作り上げます。
ＩＴマネジメント体制の確立	全社横断的なプロジェクトチームのもと、ＩＴ化を進め、ＩＴガバナンスを確立します。
ＩＴ投資評価の仕組みと実践	ＩＴ投資の評価を事前・事後で実施し、ＰＤＣＡ（Plan Do Check Action）によって目標を達成します。
ＩＴ活用に関する人材の育成	ＩＴＳＳ（ＩＴスキル標準）などを活用しながら、人材育成を考えます。
ＩＴに起因するリスクへの対応	リスクを把握し、セキュリティ対策を実施します。

3 ＥＡ（エンタープライズアーキテクチャ）

ＥＡ（エンタープライズアーキテクチャ）は、外部環境変化の激しい時代の中で、「全体最適」の観点から業務やシステムを改善する仕組みであり、組織全体として業務プロセスや情報システムの構造、利用する技術などを、整理・体系化したものです。

以下の４つの体系が作られています。

ビジネス・アーキテクチャ（政策・業務体系）	業務の内容、業務フロー等について、共通化・合理化など実現すべき姿を体系的に示したもの。
データ・アーキテクチャ（データ体系）	各業務において利用されるシステム上のデータの内容、各情報（データ）間の関連性を体系的に示したもの。
アプリケーション・アーキテクチャ（処理体系）	業務処理に最適な情報システムの形態を体系的に示したもの。
テクノロジ・アーキテクチャ（技術体系）	技術的構成要素（ハード・ソフト・ネットワーク等）を体系的に示したもの。

Keyword

▶ グリーンＩＴ

地球環境に配慮したＩＴ製品やＩＴ基盤のことです。そのようなＩＴの利用も含む内容です。

過去問 トライアル解答 ア

☑チェック問題

複数の評価基準を作って、それらの評価基準について、関係者が点数を付けて、その結果を見ながら皆で議論するスコアモデリングという方法がある。また、経営的な視点で情報システムの有効性を評価する方法としてバランススコアカードがあり、情報システムを財務、顧客、業務プロセス、学習と成長の４つの視点から見る。 ⇒○

情報システムの開発
ソフトウェア開発モデル

学 習 事 項　ウォータフォール型開発モデル，プロトタイプ型開発モデル，スパイラル型開発モデル

このテーマの要点

ソフトウェア開発モデルを理解しよう

ソフトウェア開発の作業工程（開発工程）を標準化し、１つのモデルとしたものをソフトウェア開発モデルといいます。最もオーソドックスなモデルであるウォータフォール型開発モデルの特徴を理解した上で、同モデルの課題を解消できるその他の開発モデルの特徴をつかみましょう。

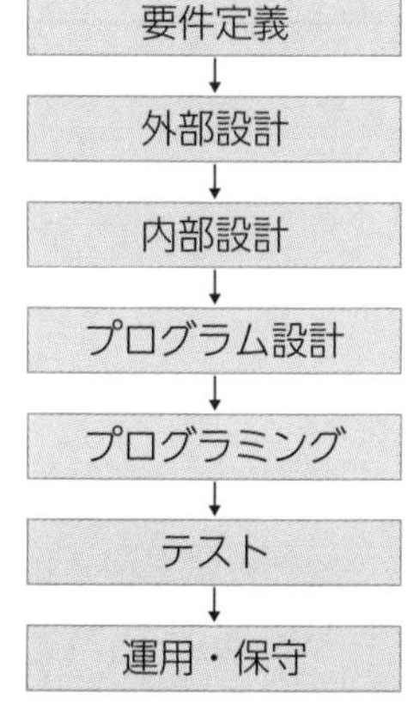

過去問トライアル	平成22年度　第14問 ソフトウェア開発モデル
類題の状況	R05-Q13(再)　R04-Q13　R03-Q18　R01-Q17　H29-Q17 H28-Q17　H27-Q18　H26-Q15　H22-Q14　H21-Q16 H20-Q14　H19-Q15　H18-Q17　H16-Q12

システム開発の基本的フェーズは、フェーズ1：要件定義、フェーズ2：外部設計、フェーズ3：内部設計、フェーズ4：プログラム開発、フェーズ5：各種テスト、フェーズ6：稼動である。これら各フェーズを後戻りすることなく順に行っていく方法論を、ウォータフォール型システム開発方法論と呼ぶ。しかし、この方法論には種々の課題があるとされ、その課題の解消を目的に多様な方法論が開発されている。そのような方法論に関する記述として最も適切なものはどれか。

ア　RADは、ウォータフォール型システム開発方法論よりも迅速に開発することを目的としたもので、システムエンジニアだけで構成される大人数の開発チームで一気に開発する方法論である。

イ　システム開発を迅速かつ確実に進める方法論としてXPがあるが、それは仕様書をほとんど作成せず、ストーリーカードと受け入れテストを中心に開発を進める方法論である。

ウ スパイラル開発は、1つのフェーズが終わったら、もう一度、そのフェーズを繰り返すペアプログラミングと呼ばれる手法を用いて確実にシステムを開発していく方法論である。

エ プロトタイピングは、フェーズ5の各種テストを簡略に行う方法論である。

1 ウォータフォール型開発モデル

ウォータフォール型開発モデルとは、要件定義、外部設計、内部設計、プログラム設計、プログラミング、テストといった工程順に後戻りすることなく開発を進める開発モデルです。また、下図のように開発工程とテスト工程が対称となっていることも特徴です。

この開発モデルは、各工程では上流から引き渡された成果物に基づき作業を進めるため開発作業の一貫性が維持できることや、前工程に後戻りしないのでプロジェクト管理がしやすいといった利点がある半面、各工程を並行で作業できないことや、仕様変更に柔軟に対応できないといった欠点もあります。

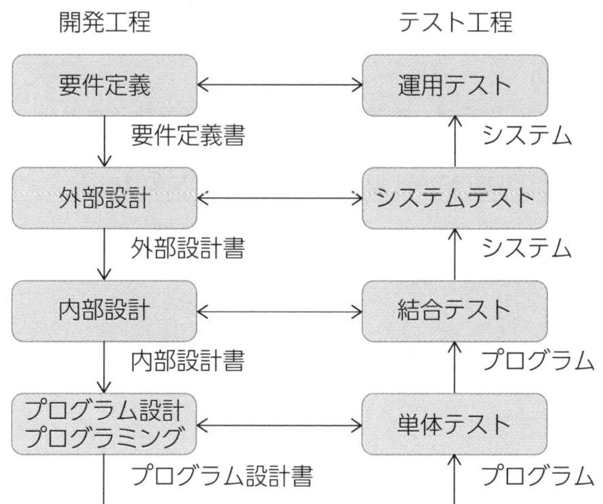

2 様々なソフトウェア開発モデル

プロトタイプ型 開発モデル	開発の早い段階で試作品（プロトタイプ）を作成し、それをシステムの利用者に試用してもらい、利用者の意見を反映させながら仕様を確定する開発モデルです。小規模システムの開発で用いられることが多いです。
スパイラル型 開発モデル	ウォータフォール型開発モデルとプロトタイプ型開発モデルを組み合わせた開発モデルです。開発するシステムを独立性の高いサブシステムに分割し、「設計」、「実装（作成）」、「テスト」、「評価」という一連のサイクルを渦巻状（スパイラル）に繰り返しながら開発範囲を徐々に拡大していきます。大規模なシステム開発に向いています。
インクリメンタル モデル	システムを独立性の高いいくつかのサブシステムに分割し、サブシステムごとに開発・リリースする開発モデルです。サブシステムごとにウォータフォール型開発モデルで開発を進めるものです。
RAD (Rapid Application Development)	要求仕様の分析、設計、開発、テストなどの全工程を利用部門の代表者を含めた少数精鋭のチームで担当することにより開発期間を短縮する手法です。
アジャイル ソフトウェア開発	無駄を省いて素早くシステムを開発することを目的としたソフトウェア開発プロセスの総称です。ウォータフォールモデルの原則に則らず、複数同時工程で作業を進めるなどし、小規模なシステム開発で使われます。代表的な手法にＸＰ（eXtreme Programming）やスクラムなどがあります。

Keyword

▶ Ｖ字型モデル

「要件定義」フェーズを左上とし、「開発」フェーズで折り返して右上へと進むことでアルファベットのＶ字型を形成するため、Ｖ字モデルと呼ばれます。なお、Ｖ字型の左右は対応づけられています。例えば、要件定義の内容は、運用テストで検証されます。

▶ 超上流

システムライフサイクルにおける設計などの上流プロセスよりも、さらに上流の「システム化の方向性」、「システム化計画」、「要件定義」を行うプロセスです。ＲＦＰの作成・提出も含まれます。

▶ ＲＦＰ（Request For Proposal）

システムを導入する企業がＩＴベンダに対して自社の業務内容やプロセスなどを明記したもので、これを受けてＩＴベンダは、システムの提案を実施します。

▶ ラウンドトリップ

オブジェクト指向開発プロセスにおけるスパイラル型開発モデルです。

▶ ＸＰ（eXtreme Programming）

開発チームが最も大切にすべき５つの価値を「コミュニケーション」、「シンプルさ」、「フィードバック」、「勇気」、「尊重」としています。特徴としては、「ペア・プログラミング」や「テスト駆動開発」、「ストーリーカードと受け入れテスト中心の開発」などがあります。

▶ スクラム

個々人よりもチームに焦点を当てたマネジメントになっています。役割は、「チーム」、「プロダクトオーナー」、「スクラムマスター」に分かれています。「チーム」は開発チーム。「プロダクトオーナー」は顧客の代表。「スクラムマスター」はプロジェクトマネージャーということになります。

過去問 トライアル解答 **イ**

☑チェック問題

システム開発を迅速かつ確実に進める方法論としてＸＰがあるが、それは仕様書をほとんど作成せず、ストーリーカードと受け入れテストを中心に開発を進める方法論である。 ⇒○

情報システムの開発
見積・テスト・レビュー

学習事項 ソフトウェアの見積技法，テスト方法，レビュー方法

このテーマの要点

ソフトウェアの開発に必要な、見積技法、テスト方法、レビュー方法を理解しよう

- 開発規模や工数を見積もる際に見積技法が必要となります。
- テストは、プログラムやシステム全体の動作が設計書どおりか、ユーザ要求を満たすものであるかをチェックする重要な作業です。
- レビューとは、ソフトウェア開発の各工程において複数の関係者が集まり、成果物のあいまいな点や問題点を洗い出す品質維持のための作業です。

過去問トライアル	平成23年度　第20問 レビュー技法
類題の状況	R01-Q18　H30-Q18　H30-Q21　H29-Q18　H29-Q19 H28-Q16　H27-Q19　H25-Q19　H21-Q18　H20-Q14 H20-Q19　H19-Q19

ソフトウェア品質レビュー技法のうち、インスペクションの説明として最も適切なものはどれか。

ア　プログラム作成者、進行まとめ役、記録役、説明役、レビュー役を明確に決めて、厳格なレビューを公式に行う。

イ　プログラム作成者が他のメンバに問題点を説明して、コメントをもらう。

ウ　プログラム作成者とレビュー担当者の２名だけで、作成したプログラムを調べる。

エ　プログラムを検査担当者に回覧して、個別にプログラムを調べてレビュー結果を戻してもらう。

1 ソフトウェア見積技法

名称	特徴	メリット	デメリット
LOC (Lines Of Code method)	プログラム行数からコストを見積もる手法	単純で標準化しやすい	プログラムの記述の仕方によって見積が変わってしまう
COCOMO (Constructive Cost Model)	LOCの発展形で、開発が予想されるプログラム行数に補正係数を乗じて必要となる工数や期間を見積もる技法	プログラム言語の違いに左右されない	初期段階の見積には使用できない
ファンクションポイント法	開発するソフトウェアが必要とする機能（ファンクション）を規定の方法で定量化	画面や帳票を単位に見積もるためユーザから理解を得やすい	規定の方法を定めるためのデータ蓄積が必要
標準値法	開発各工程における作業時間やコストを積み上げる	比較的単純	経験や実績の尺度が曖昧になる
類推法	過去の類似システムの実績に基づき、見積値を類推する		類似システム事例が必要

2 テスト方法

単体テスト	1つのプログラムの動作について検証を行うテストです。ブラックボックステストとホワイトボックステストに大別されます。
結合テスト	単体テストが終了したプログラムを複数結合して動作検証を行うテストです。
総合テスト（システムテスト）	すべての結合テストが完了後、システムが要件を満たしているかを確認するためのテストです。機能テスト、操作性テスト、性能テスト、負荷テスト、障害復旧テスト、例外テスト、耐久テストなどがあります。
承認テスト（受け入れテスト）	システム開発終了後にユーザ（社内利用部門や納品先の顧客）へシステムを引き渡すときに行われるテストです。
運用テスト	承認テスト後にシステムを実稼働環境で運用し、問題なく稼働することを確認するテストです。

3 レビュー方法

ウォークスルー	成果物の作成者とその関係者が集まって設計書やプログラム成果物を机上のシミュレーションによりレビューします。
インスペクション	モデレータと呼ばれる開催責任者が、レビュー計画や資料の作成、参加者の選定、討議の進行、指摘された不具合の修正確認を行います。
ラウンドロビン	参加者が持ち回りでレビュー作業者を務め、参加者の作業を均一にしながらレビューを進める方法です。
パスアラウンド	レビュー対象物のコピーをレビュー担当者に配付し、レビュー担当者の回覧ベースで不具合を指摘してもらう方法です。

Keyword

▶ COCOMOⅡ

COCOMOにファンクションポイント法の概念を取り入れ、より正確な工数算出を行うための技法のことです。

▶ レグレッションテスト

退行テストや回帰テストとも呼ばれるもので、稼働しているシステムに対して修正や機能追加を行った際に、修正していない他の箇所に悪影響を与えて不具合を発生させていないか確認するテストです。

過去問 トライアル解答 ア

☑チェック問題

インスペクションとは、プログラムを検査担当者に回覧して、個別にプログラムを調べてレビュー結果を戻してもらうこと。 ⇒×

▶ パスアラウンドの内容である。パスアラウンドとは、レビュー対象物のコピーをレビュー担当者に配付し、レビュー担当者の回覧ベースで不具合を指摘してもらうレビュー方法である。関係者に対して電子メールでレビュー対象物を送信し、コメントをもらうという方法が一般的に用いられる。

MEMO

情報システムの開発

開発技法の変遷

学習事項 POA, DOA, OOA, SOA

このテーマの要点

構造化技法について理解しよう

構造化技法とは、要求分析工程において開発対象システムをモデル化し、概念モデルから詳細モデルへと段階的に、システムを構造的に捉える手法です。その際、何に着目してモデル化を行うかで、ＰＯＡ（プロセス指向アプローチ）、ＤＯＡ（データ指向アプローチ）、ＯＯＡ（オブジェクト指向アプローチ）、ＳＯＡ（サービス指向アプローチ）の４つのアプローチがあります。ＳＯＡは、サービス指向アーキテクチャとも訳され、システムの単位（会計システム、人事システムなど）をサービスという概念で捉え構築する設計手法です。ＳＯＡは厳密には構造化手法ではありませんが、「システムの捉え方」という観点で一緒に学習しましょう。

過去問 トライアル	平成16年度　第12問 開発モデルと開発技法
類題の状況	R03-Q17　R02-Q3　H26-Q4　H20-Q13　H20-Q18　H19-Q15　H19-Q17

情報システム開発に関する記述として、最も不適切なものはどれか。

ア　ウォーターフォール型システム開発アプローチでは、システム開発の局面ごとに完結させて後戻りしないように開発を進める。

イ　オブジェクト指向アプローチでシステム開発をすることによる長所として、一部のソフトウェアの変更が周囲に及ぼす影響を最小限に抑えることができる。

ウ　プロセス中心アプローチでは、まず対象業務でどのようなデータが用いられているのか、ある業務のデータが他の業務のデータとどのように関わっているのかを分析、理解することが基本となる。

エ　プロトタイピングは、プロトタイプと呼ばれる小規模なシステムを構築して、できるだけ業務要求に適合したシステム構築を試行錯誤的に行う。

1 POA、DOA、OOA、SOA

アプローチ手法の変遷は、ＰＯＡ、ＤＯＡ、ＯＯＡ、ＳＯＡの順番で発展してきました。最新のアプローチ手法であるＳＯＡは、Ｗｅｂサービスの前提となっています。

名称	特徴	よく使われる図など
ＰＯＡ (Process Oriented Approach)	「業務処理プロセス」に着目するアプローチ手法です。 ＰＯＡは、業務内容を中心に設計されるためシステム設計が業務内容に強く依存します。そのため、業務内容が変更になったときにはシステムの大幅な変更が必要となりコスト面の負担が大きくなります。また、各部署の業務内容に応じて独立したシステムになることが多く、他システムとのデータ連携が複雑になるという問題があります。	フローチャート ＤＦＤ (Data Flow Diagram)
ＤＯＡ (Data Oriented Approach)	「どんなデータを必要とするか」に着目するアプローチ手法です。 ＤＯＡでは、データを業務プロセスとは切り離して先にＥＲモデルを用いて分析･設計します。業務のモデル化を行う際にデータが最も安定した情報資源であり、かつ共有資源であることを利用するため、業務変更によるシステムへの影響度が少なくなります。また、事象応答分析も行い、外部からの事象とその応答のタイミング的・時間的な関係を抽出し、制御の流れも図式化して分析します。	ＥＲ図 (Entity-Relationship Model) ＤＦＤ
ＯＯＡ (Object Oriented Approach)	「データとそれを操作する手続き（メソッド）の両方、すなわちオブジェクト」に着目するアプローチ手法です。 ＤＯＡの概念をさらに進めたアプローチです。オブジェクトとは、データ（属性）とそのデータに対する手続き（メソッド）を１つにまとめたものを指します。	ＵＭＬ (Unified Modeling Language)
ＳＯＡ (Service Oriented Approach)	個々のシステムをサービスという概念で捉えてシステムを構築していく「やり方」（共通のメッセージ交換インタフェースに対応）です。 サービスとは、業務上の１つの処理に相当するソフトウェアの機能です。ＳＯＡを実現するために必要となる技術基盤は、ほとんどの場合Ｗｅｂサービスとなります。	Ｗｅｂサービス ＳＯＡＰ (Simple Object Access Protocol)

2　オブジェクト指向（OOA）

オブジェクトとは、データとそれを操作する手続きを一体化させたものです。

オブジェクト指向とは、ソフトウェアをオブジェクトの集まりとして構成し、それらがメッセージのやり取りで協力してプログラムを動かすという考え方です。

カプセル化	データとそれを操作する手続きを一体化してオブジェクトにすることです。オブジェクトの独立性を保ちます。
クラス	いくつかの類似オブジェクトの共通する性質を抽出し、属性と手続きを一般化したものです。クラスをさらに抽象化して上位クラス（スーパークラス）をつくることもできます。 このクラスを具体化したものを、インスタンスと呼びます。 例）クラスが乗用車で、インスタンスがフェラーリの赤 また、具体的な処理は、メソッドと呼ばれ、クラスやインスタンスから呼び出される形式で実行されます。
インヘリタンス（継承）	上位クラスの属性や手続きを下位クラスに継承させることです。
ポリモルフィズム（多態性）	ポリモルフィズムとは、同一メッセージを複数の異なるオブジェクトに送信した場合、オブジェクトごとに振舞いが異なることをいいます。

【3-6-1　カプセル化】

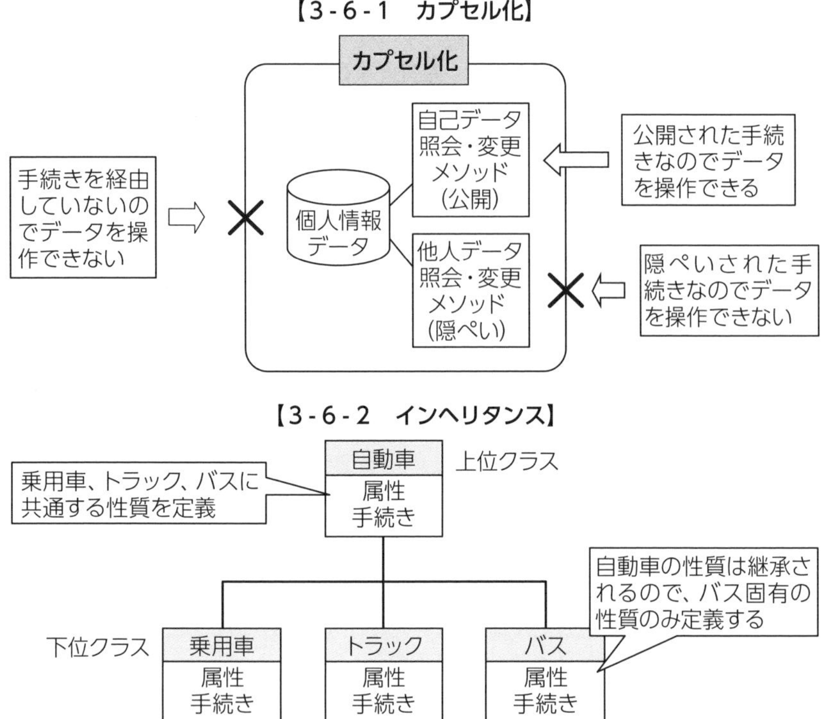

【3-6-2　インヘリタンス】

【3-6-3 ポリモルフィズム】

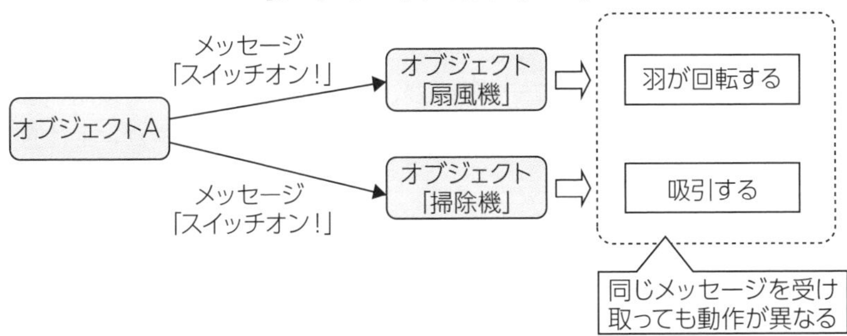

3 サービス指向（ＳＯＡ）

ＳＯＡは、サービスという単位でサービスを組み立てながらシステムを構築する考え方です。昨今のＩＴシステムでは、別々かつ部分的にシステムが乱立している状態であり、バラバラに動くシステムが当たり前となってしまっています。その状況の中、ＳＯＡによって柔軟にＩＴ環境を統合し、それぞれのシステムをまとめることが可能です。

【3-6-4 SOAのイメージ】

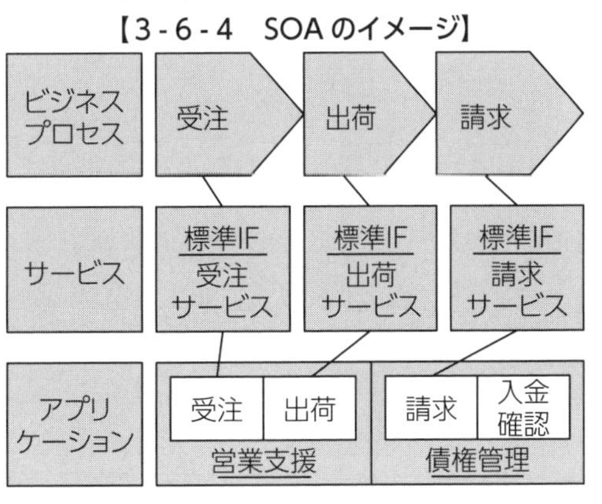

ＳＯＡはサービス同士の連携が容易なことがポイントです。連携のためには、メッセージ交換（データのやり取り）が必要で、これを実現するためにＳＯＡＰが使われます。ＳＯＡＰではＸＭＬを使用するため、柔軟なデータのやり取りが可能となります。

また、サービス単位に分解することでユーザが設計に携わることも可能となり、ＥＵＣによる設計が可能となります。

Keyword

▶　ＥＵＣ（エンドユーザコンピューティング）

　システムを使用するエンドユーザ自らが、システムの設計構築や運用・管理に積極的に携わることです。部署ごとの部分最適は強力になりますが、全社的な全体最適に弱くなります。

▶　ＢＰＭ（Business Process Management）

　ビジネスプロセスに「分析」、「設計」、「実行」、「モニタリング」、「改善・再構築」というマネジメントサイクルを適用し、継続的なプロセス改善を遂行しようという経営・業務改善コンセプトのことです。

過去問 トライアル解答　**ウ**

☑チェック問題

　ＥＲ図とは、データ中心設計法で用いられる表記法で、データ間の関連を描画する。

⇒○

MEMO

情報システムの開発

システム開発のためのダイヤグラム

学習事項 ダイヤグラムの種類，フローチャート，DFD，UML

このテーマの要点

ソフトウェア開発に活用される図（ダイヤグラム）を理解しよう

ソフトウェア開発における発注者と開発者とのコミュニケーションや、迅速で間違いのないシステム開発のために、様々な図（ダイヤグラム）が活用されています。開発方法論の変遷に応じて活用される図も変わってきています。まずは、一般的によく使われる図のイメージを深めましょう。

仕様書などの補足資料

・認識の齟齬（そご）の防止
・共有化の容易性
・視覚的な理解

過去問トライアル	平成22年度　第15問 多様なダイヤグラム
類題の状況	R05-Q17　R05-Q12(再)　R04-Q11　R03-Q14　R02-Q17 H30-Q20　H27-Q16　H26-Q17　H24-Q17　H19-Q16 H17-Q13　H15-Q14(1)(2)

情報システム開発において、発注者と開発者とのコミュニケーションを円滑に行うために、また迅速で間違いのないシステム開発のために、多様なダイヤグラムが用いられるようになってきた。これに関する記述として、最も不適切なものはどれか。

ア　ER図とは、データ中心設計法で用いられる表記法で、データ間の関連を描画する。

イ　UMLとは、オブジェクト指向開発において利用される統一表記法である。

ウ　ネットワーク図とは、オブジェクト間の関係とメッセージフロー等を構造的に表現する、UMLのダイヤグラムの１つである。

エ　ユースケース図とは、システムにはどのような利用者がいるのか、その利用者がどのような操作をするのかを記述する、UMLのダイヤグラムの１つである。

1　様々な図（ダイヤグラム）

①フローチャート（流れ図）

コンピュータが処理する手順（アルゴリズムという）を流れ図で記述したものです。

【3-7-1　フローチャートで利用される記号例】

名称	記号	概要
端子		プログラムの開始や終了を表す。
処理		任意の処理を表す。
判断		条件式による分岐を表す。
ループ端		ループの始まりと終わりを表す。
データ		データの入口と出口を表す。
線		処理やデータの流れを表す。

②DFD（データフローダイヤグラム）

データの流れに着目し、対象業務のデータの流れ（データフロー）と処理の関係を分かりやすく図式化する手法です。

【3-7-2　DFDの例】

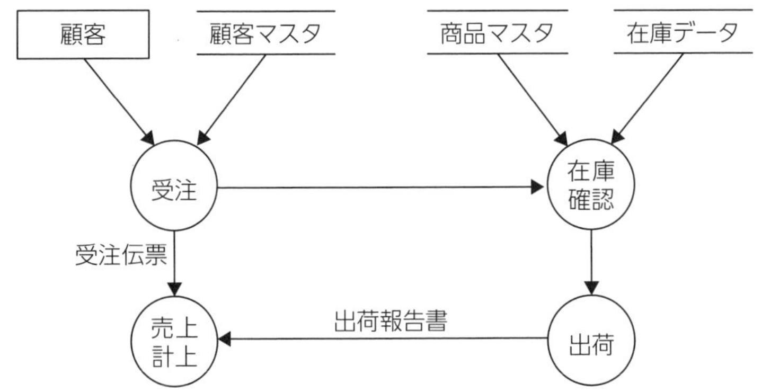

2 UML (Unified Modeling Language)

UMLは、オブジェクト指向のソフトウェア開発における統一表記法です。UMLそのものは表記法であり、設計手法ではありません。UMLは、静的な状態を表す構造図と、動的な振舞いを表す振舞い図に大別されます。

【3-7-3 UMLの主なダイヤグラム】

分類	名称	説明	特徴・キーワード
構造図	**クラス図**	オブジェクトをひとまとめにしたクラス（クラス名、属性、操作）間の関係を表した図	UMLのER図。
振る舞い図	**ユースケース図**	システムが提供する業務とサービスの範囲を単純明快に表した図	アクター（藁人形のようなシンボル）。要件定義書や概要設計書で利用される。
	シーケンス図	オブジェクト間のメッセージの送受信関係を時系列で記述した図	縦軸が時間軸。詳細設計書などで利用される。

【3-7-4 クラス図の例】

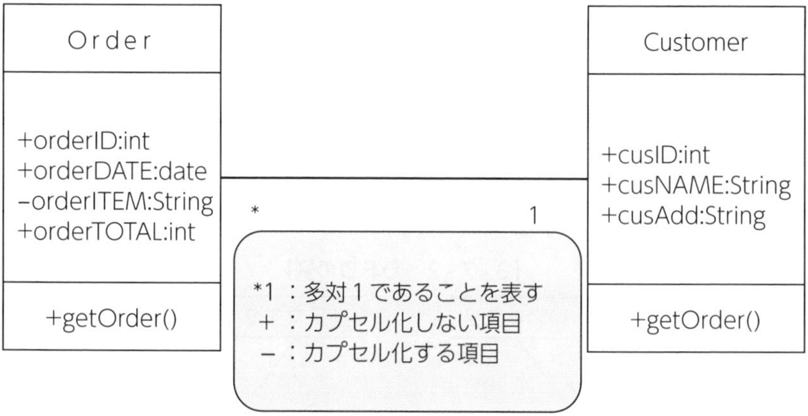

【3-7-5　ユースケース図の例】

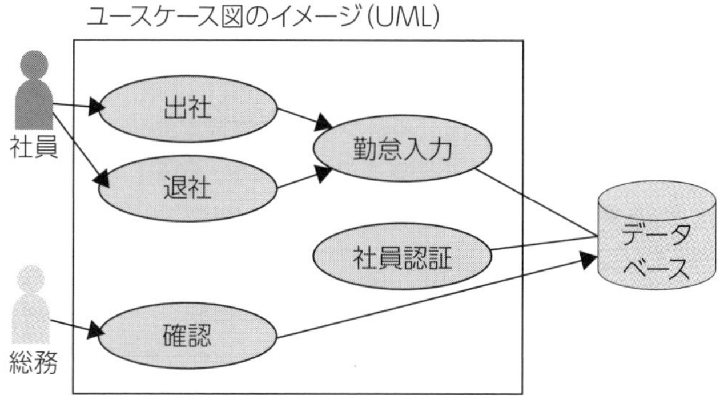

【3-7-6　シーケンス図の例】

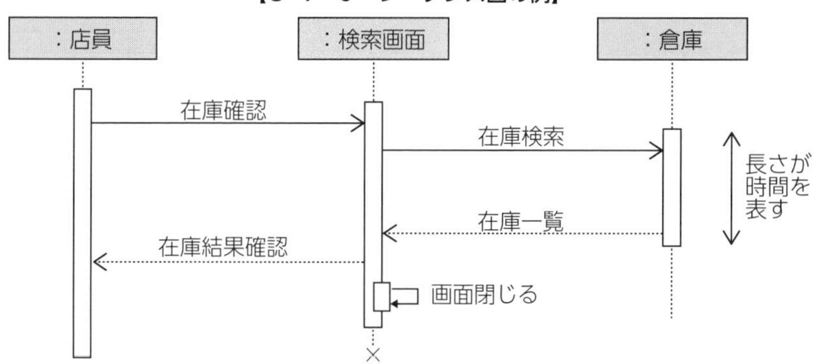

Keyword

▶　ペトリネット図

並行動作する機能の同期を表現するときに使用する図です。

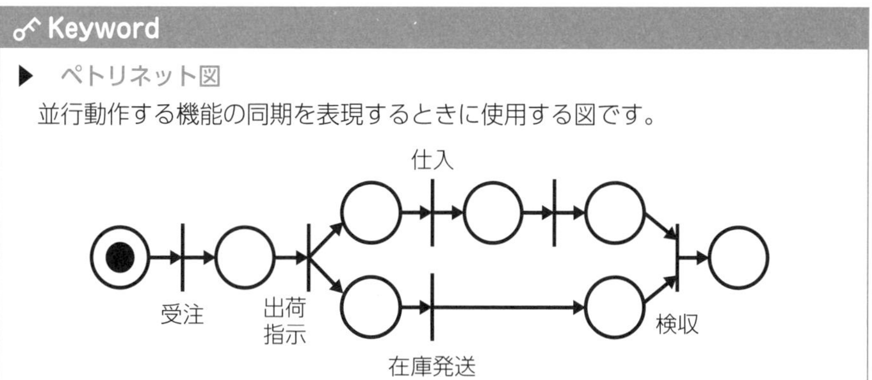

過去問 トライアル解答　ウ

☑チェック問題

ＤＦＤとは、データベースをどのように構築したらよいかを示すものである。

⇒×

▶　ＥＲＤ（Entity-Relationship Diagram）の説明であり、ＥＲＤは、データの構造や関係を記述するための構造モデルである。ＤＦＤは、データの流れを記述するためのダイヤグラムである。

MEMO

プロジェクト管理

プロジェクト管理

学習事項 WBS, ガントチャート, PERT

このテーマの要点

プロジェクトマネジメントについて理解しよう

企業活動が高度化・専門化するに従い、規模の大小にかかわらず、様々な現場でプロジェクト・チームが編成されるようになり、プロジェクトマネジメントの適用範囲は非常に広くなってきています。その中でも情報システムは技術変遷が速く、経験だけではマネジメントできないプロジェクトが増えています。ここでは、プロジェクトマネジメント手法の基本を押さえる必要があります。

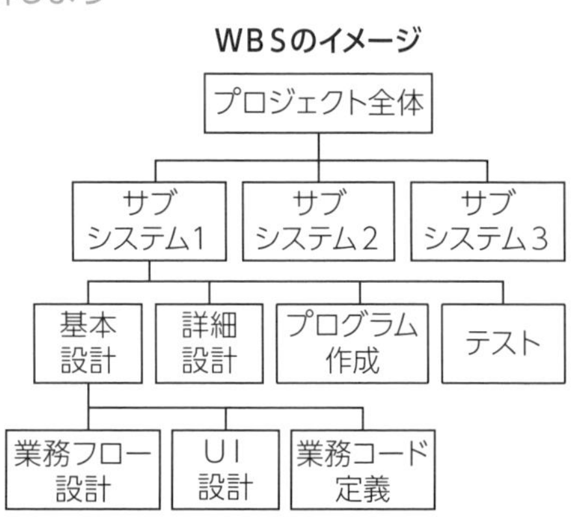

過去問トライアル	平成22年度　第22問
	WBS
類題の状況	R05-Q16(再)　R04-Q19　R02-Q18　H30-Q22　H29-Q21 H26-Q20　H22-Q18　H20-Q21

中小企業診断士は中小企業経営者を支援して、企業のシステム開発プロジェクトに関与することがある。このようなシステム開発のプロジェクト管理で用いるWBS (Work Breakdown Structure) に関する記述として、最も適切なものはどれか。

ア　WBS作成には、PMBOKが規定した標準作成方法が利用できる。
イ　成果物を得るのに必要な工程や作業について記述する。
ウ　担当者の分担に基づいて、WBSを作成する。
エ　プロジェクトの実施段階で、管理資料として作成する。

1 ＷＢＳ（Work Breakdown Structure：作業分解図）

プロジェクト目標を達成するために、プロジェクトに含まれるすべての作業を抽出し、その内容を明確化していく手法です。ＷＢＳで分解された作業は、スケジュール作成やコスト見積の基礎となります。

ＷＢＳにおける最下位レベルの要素が、ワークパッケージです。ワークパッケージとは、そのＷＢＳが示すプロジェクトスコープにおける進捗管理の最小基本単位のことです。ワークパッケージごとに必ず成果物が１つ以上作成されることになります。

2 日程計画、進捗管理技法

①ガントチャート

各作業の開始日、終了日や計画と実績の対比をひと目で確認できるため、プロジェクト全体の計画や進度を把握しやすくなります。ＷＢＳで詳細にブレイクダウンしたレベルでガントチャートを入れることで、進捗が可視化でき、よく利用されます。

【3-8-1　ガントチャートの例】

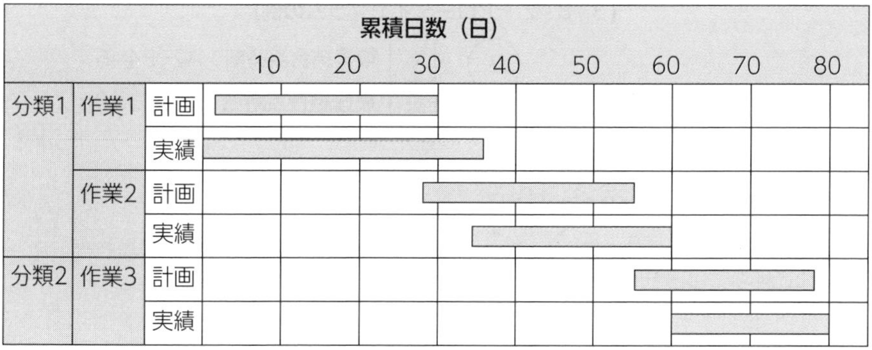

			累積日数（日）							
			10	20	30	40	50	60	70	80
分類1	作業1	計画								
		実績								
	作業2	計画								
		実績								
分類2	作業3	計画								
		実績								

② EVMS (Earned Value Management System)

プロジェクトの進捗状況を、金銭換算によって定量化し、プロジェクトの現在および今後の状況を評価するプロジェクト管理手法です。完成時の総コスト予想値(EAC：Estimate At Completion)を次の式で表すことができます。WBSを活用して、以下の計算式を使いながら算出します。

> EAC＝AC＋(BAC−EV)／CPI
> ただし、
> AC（Actual Cost）：コストの実績値
> BAC（Budget At Completion）：総予算
> EV（Earned Value）：出来高の金額価値
> CPI（Cost Performance Index）＝EV／AC：コスト効率指数

③ PERT (Program Evaluation and Review Technique)

複数の作業で構成させるプロジェクトを効率よく実行するためのスケジューリング手法です。PERTではアローダイヤグラムという図表を使って、プロジェクトの完了予定時間を順守するために必要な、それぞれの作業の遂行日程を明らかにします。最も余裕のない工程を結んだラインをクリティカルパスといい、重点的に管理します。

【3-8-2　アローダイヤグラムの例】

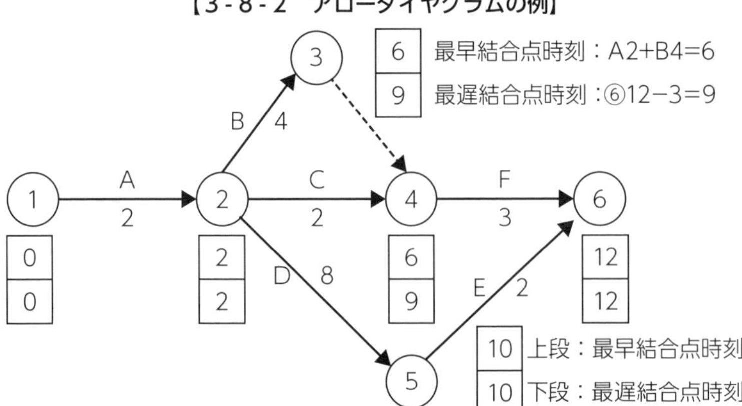

Keyword

▶　ＰＭＢＯＫ（Project Management Body Of Knowledge）

プロジェクトマネジメントに関する知識体系です。10の知識エリアと５つのプロセスが定義されています。

▶　ＢＡＢＯＫ（Business Analysis Body Of Knowledge）

ビジネスアナリシスとは、その企業や組織が抱える問題・課題を解決し、業務改善するために、その構造や思想、業務内容を理解・共有するための活動や技術です。BABOKはビジネスアナリシスの知識体系です。

過去問 トライアル解答 

☑チェック問題

ＷＢＳ作成には、ＰＭＢＯＫが規定した標準作成方法が利用できる。　⇒×

▶　ＰＭＢＯＫ（Project Management Body Of Knowledge）は、プロジェクトマネジメントに関する知識体系である。10の知識エリアと５つのプロセス群が定義されているが、具体的なＷＢＳの作成に関する標準作成方法が記載されているわけではない。

MEMO

第4分野

運用管理とセキュリティ

テーマ別ガイダンス

運用管理とセキュリティ

1 各テーマの関連

経営情報管理
- 運用管理とセキュリティ
  - 情報システムの運用管理
    - 4-1　ＩＴ運用管理
    - 4-2　ガイドライン
  - 情報セキュリティとリスク管理
    - 4-3　セキュリティ技術
    - 4-4　認証技術

経営情報管理の運用管理とセキュリティの分野では、最初に運用管理について学習します。「４－１　ＩＴ運用管理」は、ＳＬＡなどＩＴを運用していく中での管理方法についての論点です。出題率はそこまで高くないですが、基本的なところはしっかり押さえておきたいです。「４－２　ガイドライン」では、様々なガイドラインや法律について確認していきます。情報セキュリティを中心に、ＩＴサービスマネジメントやシステム開発の共通フレームなどもガイドラインの範囲に含まれます。

「４－３　セキュリティ技術」では、共通鍵暗号方式と公開鍵暗号方式といった暗号化方式や、通信のための暗号化プロトコルであるＳＳＬについて確認していきます。それぞれの暗号化方式の特徴や、利用される場面を把握しておく必要があります。さらに、有線だけでなく、無線ＬＡＮの暗号化方式も確認していくことになります。それ以外のセキュリティの内容として、不正アクセスやウィルスといった攻撃手法に加え、ファイアウォールなどのセキュリティ対策も確認します。「４－４　認証技術」では、認証における様々な技術を学習します。現代では、生体認証など複雑な認証技術が進化してきており、時事的な要素も踏まえつつ押さえてください。

2 出題傾向の分析と対策

①出題傾向

#	テーマ	H26	H27	H28	H29	H30	R01	R02	R03	R04	R05
4-1	ＩＴ運用管理			1	1		1		1		
4-2	ガイドライン	1	1	1					1	1	
4-3	セキュリティ技術	1					1	1		1	1
4-4	認証技術			1					1		1

②対策

運用管理とセキュリティは、経営情報システムの中では難易度の高い範囲に位置づけられます。

まず、運用管理ですが、法律やガイドラインといったＩＴ技術とは少し異なった内容の出題となります。出題範囲は多岐にわたりますが、情報セキュリティのガイドラインが数多く出題されます。また、ＳＬＡ（Service Level Agreement）の分野では、近年のクラウドの動向を反映して、ＳａａＳに関するＳＬＡが出題されるなど、世の中の動向を反映した出題が行われており、毎年のように新しいガイドラインも出題されます。

しかし、すべてのガイドラインを記憶していくのは効率的でありません。まずは、情報セキュリティ関連のＩＳＭＳやＰマークといった一般的に認知度の高い項目で学習を進め、ガイドラインの体系などを確認してください。その上で、直前期に各ガイドラインの詳細内容を覚えるようにしてください。

次のセキュリティ分野も難易度が高い範囲となります。これは、ソフトウェアやネットワークなど、事前に学んだ知識をさらに活用してセキュリティの問題が出題されるため、経営情報システムの中で幅広い知識が求められるからです。知識の積み重ねが必要になるため、他の範囲を復習した上で取り組むようにしてください。

さらに、近年のモバイルネットワークの進展により、無線ＬＡＮの暗号化の重要性も高まっています。セキュリティ範囲全体の重要性も年々高まっているため、出題に関しても着実に増加しているといえますので、経営情報システムの総仕上げの範囲と位置づけて取り組んでみてください。

情報システムの運用管理

ＩＴ運用管理

学習事項 SLA, DevOps, サービスマネジメント

このテーマの要点

経営情報のシステム運用について

ＩＴシステムには、開発と運用の管理があります。運用の中では、様々な保守作業や障害対策を実施します。そこで使われる技術や知識について学習します。

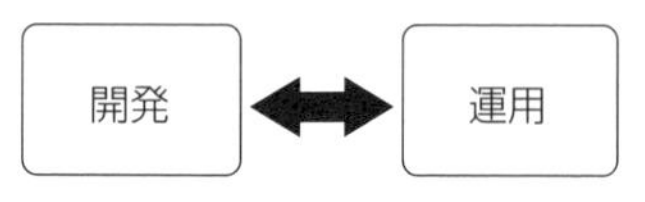

過去問トライアル	平成28年度　第15問 システム開発プロジェクト
類題の状況	R03-Q21　R01-Q17　H29-Q20　H25-Q16　H21-Q17

システム開発プロジェクトには失敗事例が多いといわれる。システム開発の失敗をできるだけ避けるため、種々の指針や概念が提示されている。これに関する記述として最も適切なものはどれか。

ア　開発担当者と運用担当者が一体となり、お互いに協力してシステムの開発・リリースを的確に行おうという考え方を一般的にＤｅｖＯｐｓという。

イ　コンピュータシステムに組み込むべき業務に関わる要求を機能要求、業務機能ではない要求を非機能要求という。独立行政法人情報処理推進機構では非機能要求の要求項目を、可用性、性能・拡張性、運用・保守性の３項目に整理している。

ウ　システム開発受託企業がシステムに求められる要件をどこまで実現するのかを明記し、かつ、実現できなかった場合の対処法も明記する契約書をＳＬＭと呼ぶ。

エ　システム開発の際に用いられる用語として、Ａｓ-ＩｓとＴｏ-Ｂｅがあるが、Ａｓ-Ｉｓとは開発するシステムのあるべき姿を指す。

1　ＳＬＡ（Service Level Agreement）

ＳＬＡは、「ＩＴサービスの提供者と委託者との間で、ＩＴサービスの契約を締結する際に、提供するサービスの範囲・内容及び前提となる諸事項を踏まえた上で、サービスの品質に対する要求水準を規定するとともに、規定した内容が適正に実現されるための運営ルールを両者の合意として明文化したもの」と定義されています。ＳＬＡは、ＩＴサービス委託者と提供者の間での共通認識を形成し、ＩＴサービス提供時のトラブルを減らすことを目的としています。ＳＬＡで定義したサービスの品質を測定し、報告し、改善するマネジメント活動のことをＳＬＭ（Service Level Management）といいます。

2 ＤｅｖＯｐｓ

ＤｅｖＯｐｓは、開発と運用の連携を密にすることです。開発を意味する「Development」と、運用を意味する「Operation」を組み合わせたDevelopment and Operationsの略語となります。

3 サービスマネジメント

以下のような管理を実施します。

構成管理	ハードやソフト、ネットワークの構成情報を管理する
変更管理	ハードやソフト、資料などの変更状況やレビューなどを確実に実施するための管理
インシデント管理	障害や不具合などの発生と暫定的な解決を管理する
問題管理	インシデントなどを分析し、問題の根本原因を把握し解決させる

Keyword

▶　電子帳簿保存法

各官公庁に提出する帳簿書類について、磁気テープや光ディスクなどへ電子データとして保存することを認めた法律です。

過去問 トライアル解答　ア

☑チェック問題

サービスの品質を測定し、報告し、改善するマネジメント活動のことをＳＬＡという。　⇒×

▶　ＳＬＡは、サービスレベルの範囲などルールを合意した文章のことである。改善のマネジメント活動はＳＬＭとなる。

2 情報システムの運用管理 ガイドライン

学習事項　ＩＴ関連の法律やガイドライン，ＳＬＡガイドライン

このテーマの要点

経営情報のガイドラインとはどんなものかを理解しよう

経営情報の分野における法律やガイドラインは、①情報セキュリティ、②ＩＴサービス（保守運用)、③システム開発、④信頼性、⑤ＳＬＡに大別されます。詳細内容も問われ、難易度が高くなる傾向にありますが、ガイドラインや法律の分野と体系については押さえておく必要があります。

法律
↓
使用などの認証基準
↓
実践のための規範
↓
ガイドライン

過去問トライアル	令和３年度　第19問 共通フレーム2013
類題の状況	R04-Q18　H28-Q21　H27-Q22　H26-Q23　H25-Q22 H25-Q23　H24-Q16　H24-Q19　H21-Q17　H21-Q19 H20-Q20　H20-Q22　H19-Q22　H18-Q23　H17-Q15 H16-Q13

ソフトウェア、システム、サービスに関わる人たちが同じ言葉で話すことができるようにするための共通枠組みとして、「共通フレーム2013」が情報処理推進機構（ＩＰＡ）によって制定されている。

「共通フレーム2013」に関する記述として、最も適切な組み合わせを下記の解答群から選べ。

a　企画プロセスは、経営・事業の目的・目標を達成するために必要なシステムに関係する要件を明らかにし、システム化の方針を立て、システムを実現するための実施計画を立てるプロセスである。

b　システム化構想の立案プロセスは、システム構築に必要なハードウェアやソフトウェアを記述したシステム方式を作成するプロセスである。

c　監査プロセスは、成果物が利用者の視点から意図された正しいものになっているかを確認するプロセスである。

d　要件定義プロセスのアクティビティには、利害関係者の識別、要件の識別、要件の評価、要件の合意などがある。

e　システム適格性確認テストプロセスは、利用者に提供するという視点でシステムが適用環境に適合し、利用者の用途を満たしているかどうかを運用環境において評価するプロセスである。

〔解答群〕

ア　aとb　**イ**　aとd　**ウ**　bとd　**エ**　cとd　**オ**　dとe

1 各分野別の主な法律やガイドライン

① 情報セキュリティ

① ＩＳＭＳ（Information Security Management System：情報セキュリティマネジメントシステム）

ＩＳＭＳとは、企業や組織が自己の情報セキュリティを確保・維持するために、ルール（セキュリティポリシ）に基づいたセキュリティレベルの設定やリスクアセスメントの実施などを継続的に運用する枠組みのことです。（JIS Q 27001:2006）（ISO/IEC 27001）

② ＩＴセキュリティ評価及び認証制度

ＩＴ関連製品のセキュリティ機能の適切性･確実性を、ISO/IEC 15408に基づいて評価機関が評価し、その評価結果を認証機関が認証する制度のことです。

③ プライバシーマーク制度（Ｐマーク）

JIS Q 15001で規定された「個人情報保護マネジメントシステム」に適合して、個人情報について適切な保護措置を講ずる体制を整備している事業者などを認定する制度のことです。

② ＩＴサービス（運用保守）

① ＩＴＩＬ（Information Technology Infrastructure Library）

ＩＴＩＬとは、ＩＴサービスマネジメントのベストプラクティス集のことで、1980年代に英国で提唱されました。（国際標準や規格ではありません）

② ISO/IEC20000

ＩＴＳＭＳ（IT Service Management System）とも呼ばれるＩＴサービスマネジメントに関する国際規格のことです。内容はＩＴＩＬとほぼ同様ですが、経営陣の責任を定義している点が異なります。

③ システム開発

① 共通フレーム2013

共通フレーム2013は、ソフトウェアのライフサイクルの国際標準であるISO/IEC12207の改訂を受けて作られたものです。2007との主な違いは、プロセスと呼ばれる成果物を作り上げるまでの一連の過程や活動を重視していることで、品質管理、意思決定管理、リスク管理など８つのプロセスが対象に追加されました。

④信頼性

① 事業継続計画（ＢＣＰ）策定

事業活動におけるリスクは、災害による被災やシステム障害、事故など様々なものが考えられ、このような想定外のリスクに備えるべく「事業継続計画（ＢＣＰ）策定」に取り組む企業が増えています。そのため、ＢＣＰ策定のための、「事業継続ガイドライン」や「情報システムの信頼性向上に関するガイドライン」等が作成されています。「ＢＣＰ（Business Continuity Plan)」および、その運用、見直しまでのマネジメントシステム全体である「ＢＣＭ（Business Continuity Management)」を構築することも望まれています。

⑤ＳＬＡ

① 情報システムに係る政府調達へのＳＬＡガイドライン

目的や内容といった一般的なＳＬＡについての説明のほか、政府調達される情報システムへのＳＬＡの考慮点やＳＬＡ導入のステップについて記載されています。(平成16年)

② ＳａａＳ向けＳＬＡガイドライン

新しいサービス形態であるＳａａＳにおいて、利用者が安心して利用するために、利用者とＳａａＳ提供者間で認識すべきサービスレベル項目や確認事項等について、経済産業省がまとめたものです。

過去問 トライアル解答 **イ**

☑チェック問題

情報セキュリティマネジメントシステム（ＩＳＭＳ）適合性評価制度は、ＪＩＳ Q20000-１適合性に関する制度である。 ⇒×

▶ ＩＳＭＳ制度は、2006年にＪＩＳ Q 27001:2006としてＪＩＳ化された。ＪＩＳ Q20000-1は、ＩＴＩＬ（IT Infrastructure Library）というＩＴサービスの品質向上の事例集をもとに、情報技術サービス提供者に対する要求事項を規定した規格であり、ＩＴＳＭＳ（IT Service Management System）適合性評価制度における認証基準である。

MEMO

3 情報セキュリティとリスク管理 セキュリティ技術

学習事項 ＣＩＡ，共通鍵暗号方式，公開鍵暗号方式，ＳＳＬ，ＰＫＩ，無線ＬＡＮの暗号化手法

このテーマの要点

情報セキュリティの意義と、その代表的手法である暗号化について理解しよう

情報セキュリティとは、情報システムに関わる機密性（Confidentiality）、完全性（Integrity）、可用性（Availability）を確保・維持し、脅威から情報システムを保護することです。暗号化とは、文書本来の姿（平文）をある規則に従って無意味な文字列に変換することにより、第三者が文書の内容を読めなくすることです。暗号化と反対に、暗号化された文字列を元の平文に戻すことを復号といいます。

機密性 C	情報が、適切なユーザに適切な権限の範囲内で提供されること。
完全性 I	情報の正確性、完全性が維持されること。
可用性 A	ユーザが必要な情報を必要な時に利用できること。

過去問トライアル	平成22年度　第16問 暗号化手法
類題の状況	R05-Q22　R04-Q20　R02-Q10　R01-Q19　H26-Q21 H21-Q20　H20-Q15　H16-Q16(2)　H15-Q15(3)

近年、データのセキュリティを確保することの重要性が高まっている。セキュリティの確保において暗号化は欠くことのできない手法である。これに関する記述として最も適切なものはどれか。

ア　「TOKYO」を、シーザー暗号を用いて暗号化した場合、その１つは「WRNBR」である。

イ　SSL（Secure Socket Layer）は、シーザー暗号、デジタル証明書、ハッシュ関数を用いており、情報の改ざんやなりすまし等を防ぐことができる技術である。

ウ　公開鍵暗号方式の場合、送り手は受け手の秘密鍵で送信情報を暗号化し、受け手は送り手の公開鍵で情報を復号化する。

エ　秘密鍵または共通鍵暗号方式を用いて５人の相手と通信する場合、通信相手ごとに異なる２つの秘密鍵または共通鍵を共有する必要がある。

1 共通鍵暗号方式と公開鍵暗号方式

暗号化とは、文書本来の姿（平文）をある規則に従って無意味な文字列に変換することにより、第三者が文書の内容を読めないようにすることです。暗号化による変換のルールをその文書を読む権限がある人にのみ教えることにより情報漏えいを防ぐことができます。暗号化することにより、ネットワーク上の不正行為である盗聴を防止することができます。

暗号化のための変換ルール（暗号化方式）は、解読を困難にする目的や使用用途により、次々と新しいものが考案されています。暗号化方式はいくつかの区分に分類できますが、最も代表的な分類は共通鍵暗号方式と公開鍵暗号方式です。

【4-3-1　共通鍵暗号方式】

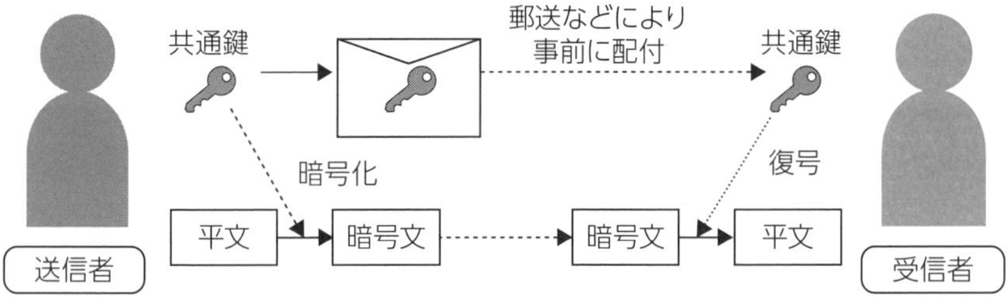

【4-3-2　公開鍵暗号方式】

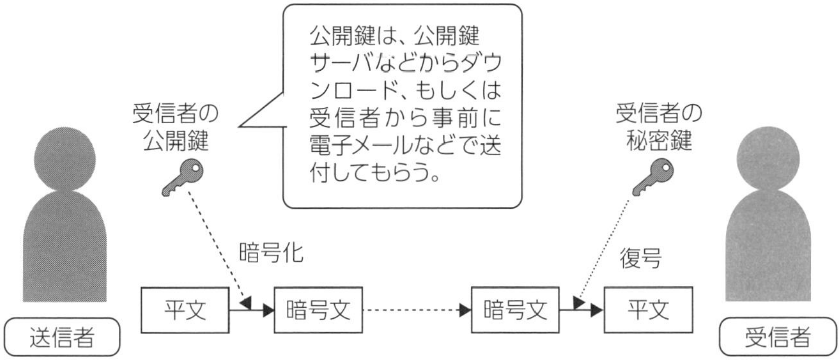

【4-3-3　各暗号方式の違い】

共通鍵暗号方式	公開鍵暗号方式
暗号化と復号の鍵は同一（１種類）	暗号化と復号の鍵は別々（２種類）
暗号化する人（送信者）とそれを復号する人（受信者）は同じ鍵（共通鍵）を持ちます	暗号化鍵（公開鍵）を一般に公開することで、誰でも暗号化できるようにします
共通鍵は第三者に秘密にしなければなりません。電子メールで共通鍵を送ると盗聴され奪われる恐れがあるため、鍵を相手に送るのに手間がかかります	復号鍵（秘密鍵）は受信者が保管します。これにより、受信者のみが暗号化された文書を読むことができるようになります
通信相手が増えるごとに保管する鍵の数が増えて、鍵管理の負担が大きくなります	受信者は復号鍵（秘密鍵）が１つあればよいため、鍵管理の負荷は少ないです
公開鍵暗号方式に比べて、暗号化・復号の処理が速いです	共通鍵暗号方式に比べて、暗号化・復号の処理に時間がかかります

2　その他の暗号

① シーザー暗号

アルファベットを数文字前後にずらして暗号化する古典的な暗号法です。

例）「ＬＥＣ」 －３文字ずらす → 「ＯＨＦ」

② Ｓ／ＭＩＭＥ（Secure MIME）

電子メールの代表的な暗号化方式であり、電子メールの暗号化と電子署名に関する国際規格のことです。「メール本文の盗聴」、「送信者のなりすまし」、「メール本文の改ざん」の３つを防止することができます。

3　ＳＳＬ（Secure Socket Layer）／ＴＬＳ（Transport Layer Security）

ＳＳＬは、セキュリティを要求される通信のためのプロトコルです。共通鍵暗号方式や公開鍵暗号方式を組み合わせた暗号化や、デジタル証明書を利用したデータ改ざん検出などの技術が利用されています。ＳＳＬを利用したＷｅｂページを表示する際のＵＲＬは、http://でなくhttps://になります。

ＳＳＬは脆弱性が見つかり、現在ではＴＬＳに置き換わっています。基本的な仕組みは同じですが、通信相手が正しいことを確認可能になるなどＳＳＬよりも強固なセキュリティを保つ仕組みが導入されています。ＳＳＬ／ＴＬＳとセットで呼ばれることも多いです。

【4-3-4　ＳＳＬ／ＴＬＳの利用手順】

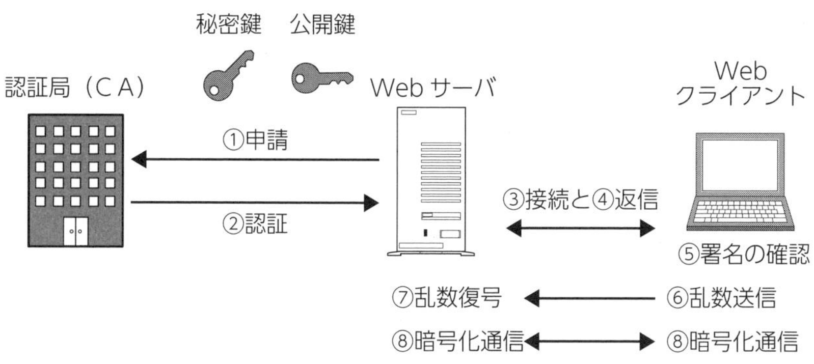

4　ＰＫＩ（Public Key Infrastructure）

ＰＫＩ（Public Key Infrastructure）とは、公開鍵暗号方式を利用した認証および盗聴防止の仕組みのことです。公開鍵暗号方式を利用した証明書の作成、管理、格納、配付、破棄に必要な方式、システム、プロトコルおよびポリシにより構成されています。ＰＫＩによって、第三者機関である認証局（ＣＡ）がデジタル証明書を発行し、公開鍵が正当な送信者のものであることを保証します。

【4-3-5　ＰＫＩの仕組み】

送信者
① 公開鍵　申請書類
認証局（ＣＡ）
②証明書発行
デジタル証明書
＋認証局署名
③証明書送信
発行局（ＩＡ）
登録局（ＲＡ）
④公開鍵入手＆
証明書復号

Keyword

▶ **認証局（ＣＡ）**

電子商取引事業者などに対してデジタル証明書を発行する機関のことです。

▶ **デジタル証明書**

認証局が発行するデジタル署名解析用の公開鍵が真正であることを証明するデータです。

▶ **デジタル署名**

ネットワーク上の不正行為であるなりすましが行われていないことを証明するために用いられる認証技術です。公開鍵暗号方式を応用し、公開鍵と秘密鍵が送信者と受信者で逆となります。

▶ **メッセージダイジェスト**

メッセージダイジェストとは、文字列の長さが一定でない平文をハッシュ関数で固定長データに変換したものです。平文の要約を作り、それに対してデジタル署名を付けるイメージです。

5 無線ＬＡＮの暗号化手法

① **ＷＥＰ**（Wired Equivalent Privacy）

無線通信による暗号化技術です。ＳＳＩＤとＷＥＰキーの組み合わせによりセキュリティを高めますが、ＷＰＡと比較すると、セキュリティの強度は低いです。

② **ＷＰＡ**（Wi-Fi Protected Access）

ＷＥＰに代わる暗号方式であり、ＷＥＰキーやユーザ認証の仕組みであるＳＳＩＤに加え、ＴＫＩＰによりキーを一定時間ごとに更新することでセキュリティの向上を図っています。ＷＰＡ方式に改良が加えられ、ＷＰＡ２やＷＰＡ３が提供されています。

【4-3-6 WEPとWPAの違い】

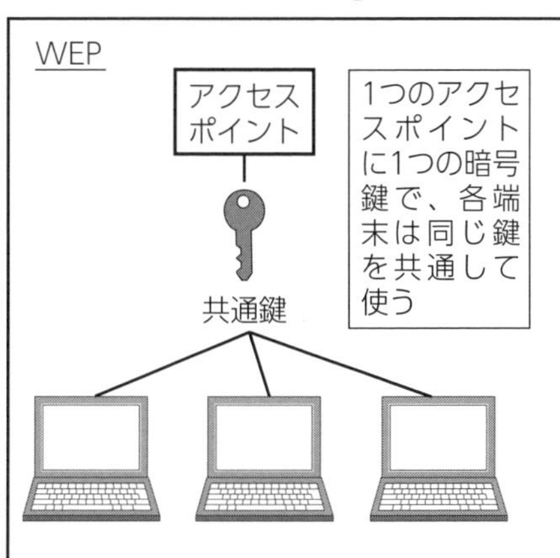

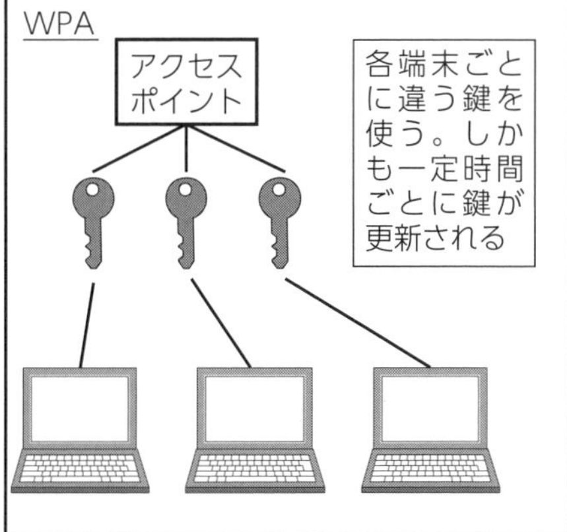

Keyword

▶ SSID

アクセスポイントに設定されるネットワーク識別子。同じSSIDを設定したノードのみネットワークへのアクセスが許可されます。

▶ TKIP

セッションごとに暗号化鍵を自動的に更新する暗号化プロトコルです。

▶ WPA2

WPAから暗号化方式がAESに変更され、セキュリティ強度が向上しました。

▶ WPA3

暗号方式をCNSA（Commercial National Security Algorithm）に変更し、WPA2からさらにセキュリティ強度が向上しました。

6 不正アクセス

ガンブラー	Webサイトを改ざんし、悪意のあるプログラムコードを仕掛けます。このサイトを閲覧すると、脆弱性のあるパソコンはウィルスに感染し、さらに自社のWebサイトなどに2次感染させます。
クロスサイトスクリプティング	ソフトウェアのセキュリティホールの1つです。Webサイトの訪問者の入力をそのまま画面に表示する掲示板などの脆弱なプログラムでは、悪意のあるコードを訪問者のブラウザに送り個人情報を盗むことがあります。

ＳＱＬ インジェクション	データベースへの問合せや操作を行うプログラムに与えるパラメータとして、悪意のあるＳＱＬ文の断片を送り込み、データベースを改ざんしたり不正に情報を入手したりする攻撃です。
バッファオーバーフロー	プログラムが確保したメモリサイズを越えた文字列を意図的に入力することで、バッファオーバーフローを引き起こし、プログラムが持っているアクセス権を奪う攻撃です。
ＤｏＳ攻撃 ＤＤｏＳ攻撃	インターネット経由で大量のデータや不正パケットを送りつけることにより、サービスを停止に追い込む攻撃です。なお、ＤＤｏＳ攻撃は、ＤｏＳ攻撃を多数のマシンから分散して行うことで、さらに攻撃力が高まります。
ソーシャル・ エンジニアリング	話術や盗み聞き、盗み見などの「社会的」な手段によって、ネットワークの管理者や利用者からパスワードを不正に入手することです。
バックドア攻撃	サーバなどに裏口の侵入ルートを設置しておいて、サイト改ざんなどを実施する手口です。
ゼロデイ攻撃	セキュリティパッチなどの提供が開始されてからインストールされていない端末を狙う攻撃です。

7 マルウェア

マルウェアは、本来のプログラムとは違う動きをするものです。

コンピュータウィルスとは、マルウェアの一種で、コンピュータ内のデータ破壊やデータ盗取など、正当な利用者に被害をもたらすプログラムのことです。コンピュータウィルスとは、次の機能の１つ以上を有するものと定義されています。

自己伝染機能	自らの機能によって他のプログラムに自らをコピーしまたはシステム機能を利用して自らを他のシステムにコピーすることにより、他のシステムに伝染する機能です。
潜伏機能	発病するための特定時刻、一定時間、処理回数等の条件を記憶させて、発病するまで症状を出さない機能です。
発病機能	プログラム、データ等のファイルの破壊を行ったり、設計者の意図しない動作をする等の機能です。

Keyword

▶ ランサムウェア

マルウェアの一種で、システムの利用制限を不正にかけられ、制限解除の代わりに身代金が要求される脅威です。

▶ スパイウェア

コンピュータから個人情報などを外部に送り出すウイルスです。

8 セキュリティ対策～ファイアウォール

ファイアウォールは、外部と接続するネットワークとローカルネットワークの境界区域に設置し、不正なデータの通過を阻止するものです。

型	フィルタリングの規則	実現できる機器
パケットフィルタリング型	ＩＰアドレス	ルータ
トランスポートゲートウェイ型	ポート番号	ＳＯＣＫＳサーバ
アプリケーションゲートウェイ型	アプリケーションプロトコル	プロキシサーバ

ただし、ＷＥＢサーバなどはホームページを閲覧させるためなどにすべてのアクセスを遮断するわけにはいかず、第３者からのアクセスを受け入れないといけない場合があります。この際に、ＤＭＺ（非武装地帯）と呼ばれる、第３者からのアクセスを許可するエリアを構築する場合があります。

Keyword

▶ ＩＤＳ（Intrusion Detection System）

不正アクセス監視システムです。ファイアウォールを潜り抜けるなどして、ネットワーク内に侵入したパケットを検知することができます。

▶ ＷＡＦ（Web Application Firewall）

ＷＥＢサイトへの不正攻撃に特化したファイアウォールです。サイトの改ざんやガンブラー攻撃などを防ぎます。

▶ ゼロトラスト

データに対するアクセスをすべて信頼しない前提でセキュリティ対策を構築。特に社内ＬＡＮは安全とは考えず、確実にチェックする仕組みを導入します。

▶ プライバシーバイデザイン

システムの最初の設計段階から個人情報保護の仕組みを検討し、実装していくことです。

過去問 トライアル解答 ア

☑チェック問題

公開鍵暗号方式とは、送受信者だけが知る公開鍵をお互いに持ち、送信者はその鍵で暗号化し、受信者はその鍵で復号化する。　⇒×

▶　送信者と受信者が同じ鍵を使用するのは共通鍵暗号方式である。公開鍵暗号方式の場合、送り手は“受け手の公開鍵”で送信情報を暗号化し、受け手は“受け手自身の秘密鍵”で情報を復号化する。すなわち、送信者と受信者で別々の鍵を使用する。

MEMO

情報セキュリティとリスク管理

認証技術

学習事項 認証方式

このテーマの要点

認証について理解しよう

認証とは、コンピュータを利用しようとしている人に正当な利用権限があるかを確認することです。

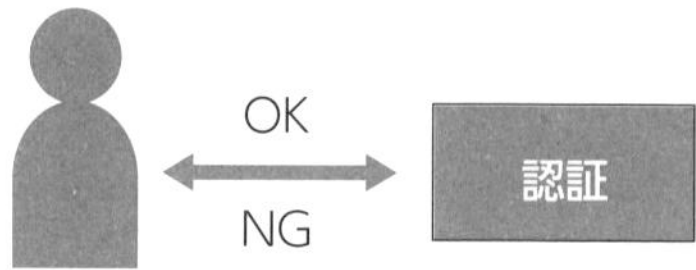

過去問トライアル	平成28年度　第19問
	ユーザ認証
類題の状況	R05-Q19(再)　R03-Q11　H15-Q15(4)

情報システムの利用においては、フィッシング詐欺や情報漏洩(ろうえい)事案などの増加に対応するために情報セキュリティをより高めなければならない。その一環としてユーザ認証の強化が叫ばれている。これに関する記述として最も適切なものはどれか。

ア　ＣＨＡＰ認証とは、チャレンジ／レスポンスという方式で、Ｗｅｂサイトにアクセスしてきたユーザを認証するものである。

イ　二段階認証とは、同じパスワードを２回入力させてユーザの認証を行う方式のことである。

ウ　ハードウェアトークンとは、その機器を認証装置にかざすことで本人を認証する仕組みのことである。

エ　ワンタイムパスワードとは、サイトに登録した際に最初の認証に利用されるパスワードである。

1　認証

認証とは、コンピュータを利用しようとしている人に正当な利用権限があるか確認することです。認証には様々な方法があります。

【4-4-1　認証要素】

知識認証	本人しか知らない情報によって識別します。パスワードや秘密の質問などがあります。
所有物認証	ICカードなど本人しか持っていないもので識別します。
生体認証（バイオメトリクス）	人間が持つ複製困難な生体情報を用いて本人認証を行う技術です。主なものに、指紋、声紋、虹彩、網膜、静脈、顔形があります。

2　認証の方式

【4-4-2　代表的な認証方式】

パスワード認証	最も一般的な認証方法です。固定パスワード方式、チャレンジレスポンス認証、ワンタイムパスワードがあります。
リモートアクセスの認証	遠隔地にあるＬＡＮやコンピュータに対し、電話回線などを通じて接続（リモートアクセス）する際に、リモートアクセスサーバに接続して認証を受けます。リモートアクセスの認証方式として、ＲＡＤＩＵＳ認証などがあります。
シングルサインオン	ユーザ認証を一度行うことにより、許可された複数のコンピュータやシステムへアクセスできるようにするための技術です。シングルサインオンの実現方法としては、主にCookie（クッキー）型、リバースプロキシサーバを利用するリバースプロキシ型、ＸＭＬを利用するＳＡＭＬ型があります。

4　運用管理とセキュリティ

Keyword

▶　ＲＡＤＩＵＳ認証

認証専用サーバを用意した認証方法です。安全性が上がります。

▶　Cookie

Ｗｅｂサイトの提供者がＷｅｂブラウザを通じて訪問者のコンピュータに一時的にデータを書き込んで、テキストファイルに保存するものです。ユーザ情報などが保存されることが多いです。

▶　多要素認証
　知識認証と生体認証を組み合わせるなど、複数要素を組み合わせた認証方法です。

▶　多段階認証
　パスワード認証後にＳＭＳで確認コードを送り、入力させるなど段階的な認証を行います。

▶　リスクベース認証
　いつもと違う場所や端末からログインをしようとした場合に、追加認証を実施します。

▶　ブルートフォース攻撃
　総当たり攻撃とも呼ばれ、パスワードの全パターンを試されます。

3 リスクアセスメント

　リスクアセスメントとは、リスクを特定・分析・評価しているプロセス全体のことです。リスクの影響度などを明確にして、セキュリティ計画を立てます。リスクへの対応部分は含まれません。

過去問 トライアル解答　ア

☑チェック問題

　生体認証では、静脈や指紋、声など身体の一部やそれに準ずる要素を使って本人を特定する。　⇒○

索　引

さ

た

な

は

わ

2025年版 出る順中小企業診断士
FOCUSテキスト&WEB問題 6 経営情報システム

2014年４月10日　第１版　第１刷発行
2024年７月25日　第11版　第１刷発行

編著者●株式会社　東京リーガルマインド
LEC総合研究所　中小企業診断士試験部

発行所●株式会社　東京リーガルマインド
〒164-0001　東京都中野区中野4-11-10
アーバンネット中野ビル
LECコールセンター　0570-064-464
受付時間　平日9：30～20：00/土・祝10：00～19：00/日10：00～18：00
※このナビダイヤルは通話料お客様ご負担となります。
書店様専用受注センター　TEL 048-999-7581 / FAX 048-999-7591
受付時間　平日9：00～17：00/土・日・祝休み
www.lec-jp.com/

印刷・製本●倉敷印刷株式会社

ISBN978-4-8449-7777-3

LEC中小企業診断士講座のご案内

1次2次プレミアム1年合格コース

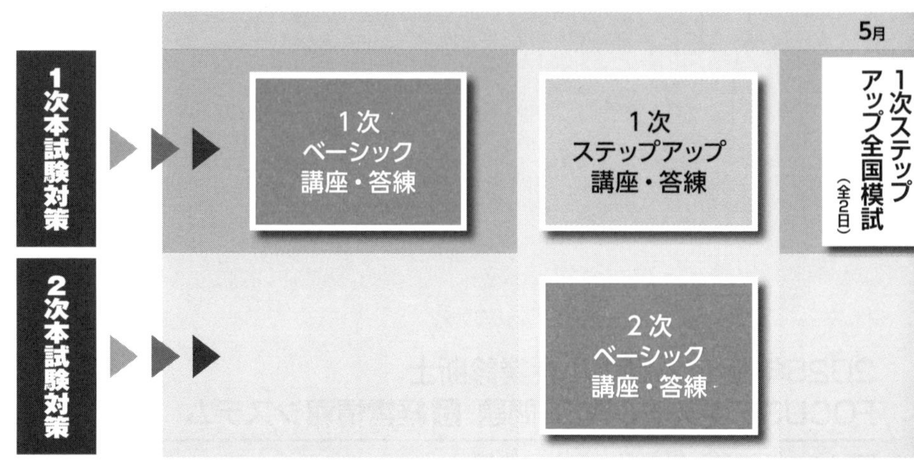

POINT 1 頻出テーマに絞りコンパクトに学習する！

1次試験は科目数も多く、その範囲は広大です。
一方で、過去の試験の出題を分析してみると、理解しておくべき重要な論点は、毎年のように出題されているのが分かります。ＬＥＣでは、出題頻度で学習テーマを絞り込み、段階的に、試験までに万全な対策をとるカリキュラムを採用しています。

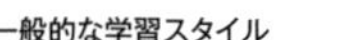

POINT 2 3ステップ学習でムリなく修得できる！

ベーシックで基礎知識を、ステップアップでは応用知識の上積みを、アドバンスで最新の出題傾向を踏まえた総仕上げを行います。3つの時期、段階に分けることで反復効果による知識定着を図りつつ、ムリなく知識を修得できます。

POINT 3 早期の2次対策で1次との融合学習を狙う！

1次試験と2次試験を別の試験と考えがちですが、1次の知識をいかに応用できるかが、2次試験です。2次試験に関連性が強い1次試験科目の学習を終えた段階で、早期に2次対策を始めることで、1次試験の復習をしつつ、2次試験の学習期間が確保できるようになっています。

［ 1次と2次の融合学習 ］
融合学習を行うことにより、1次、2次ともに得点アップ

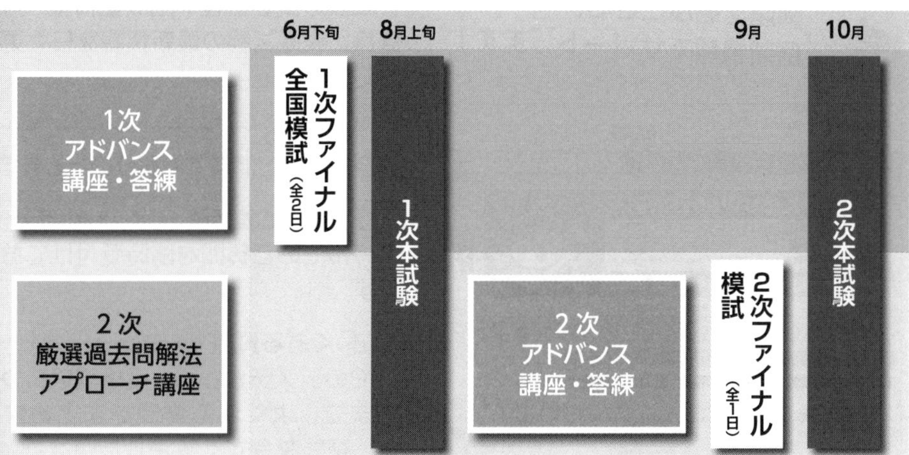

POINT 4 受験を知り抜いた講師陣が合格へと導く！

次試験は7科目あり、合格者の中でも得意、不得意があるのも事実で す。LECでは実務家講師がそれぞれ専門の科目を担当します。また、2 次対策はゼミ形式の講義で、受講生同士が互いに切磋琢磨できる環境に なっています。講師自らが添削をするので、個々の改善点を見つけ出し ていきます。

POINT 5 充実のフォロー制度で合格に近づく！

通学には通信教材が付き、予習、復習がしやすくなっています。初級講座 の1次重要科目に「Web講座講師フレックス制」を採用、また、生講義の oom配信により、講師の選択の幅が広がり、2人目、3人目の講師で理解 の深堀が可能です。「Web動画ダウンロード」「15分1テーマ講義スタイ ル」「ぽち問」でスキマ時間の活用、「教えてチューター」で質問など、多 彩な学習環境を提供しています。

※本カリキュラムは、本書発行日現在のものであり、講座の内容・回数等が変更になる場合があります。予めご了承ください。

詳しくはこちら⇒www.lec-jp.com/shindanshi/

■お電話での講座に関するお問い合わせ 平日：9:30～20:00　土祝：10:00～19:00　日：10:00～18:00

※このナビダイヤルは通話料お客様ご負担になります。※固定電話・携帯電話共通（一部のPHS・IP電話からのご利用可能）。

LECコールセンター

LEC Webサイト ▷▷ www.lec-jp.com/

情報盛りだくさん！

資格を選ぶときも，
講座を選ぶときも，
最新情報でサポートします！

最新情報
各試験の試験日程や法改正情報，対策講座，模擬試験の最新情報を日々更新しています。

資料請求
講座案内など無料でお届けいたします。

受講・受験相談
メールでのご質問を随時受付けております。

よくある質問
LECのシステムから，資格試験についてまで，よくある質問をまとめました。疑問を今すぐ解決したいなら，まずチェック！

書籍・問題集（LEC書籍部）
LECが出版している書籍・問題集・レジュメをこちらで紹介しています。

充実の動画コンテンツ！

ガイダンスや講演会動画，
講義の無料試聴まで
Webで今すぐCheck！

動画視聴OK
パンフレットやWebサイトを見てもわかりづらいところを動画で説明。いつでもすぐに問題解決！

Web無料試聴
講座の第1回目を動画で無料試聴！気になる講義内容をすぐに確認できます。

スマートフォン・タブレットから簡単アクセス！ ▷▷▷

自慢のメールマガジン配信中！（登録無料）

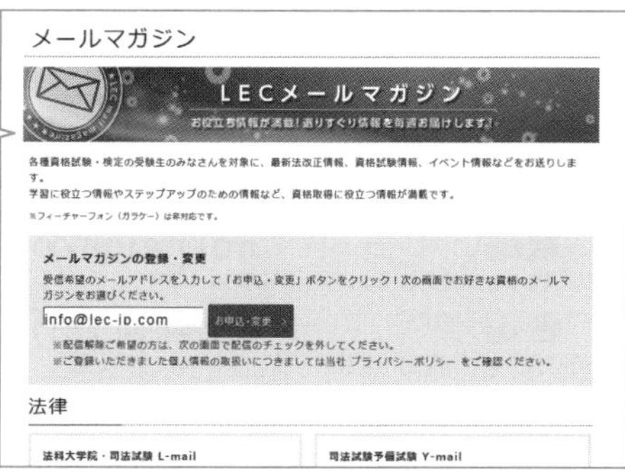

LEC講師陣が毎週配信！ 最新情報やワンポイントアドバイス，改正ポイントなど合格に必要な知識をメールにて毎週配信。

www.lec-jp.com/mailmaga/

LEC オンラインショップ

充実のラインナップ！ LECの書籍・問題集や講座などのご注文がいつでも可能です。また、割引クーポンや各種お支払い方法をご用意しております。

online.lec-jp.com/

LEC 電子書籍シリーズ

LECの書籍が電子書籍に！ お使いのスマートフォンやタブレットで，いつでもどこでも学習できます。

※動作環境・機能につきましては，各電子書籍ストアにてご確認ください。

www.lec-jp.com/ebook/

LEC書籍・問題集・レジュメの紹介サイト LEC書籍部 www.lec-jp.com/system/book/

- LECが出版している書籍・問題集・レジュメをご紹介
- 当サイトから書籍などの直接購入が可能(*)
- 書籍の内容を確認できる「チラ読み」サービス
- 発行後に判明した誤字等の訂正情報を公開

＊商品をご購入いただく際は，事前に会員登録（無料）が必要です。
＊購入金額の合計・発送する地域によって，別途送料がかかる場合がございます。

※資格試験によっては実施していないサービスがありますので，ご了承ください。

LEC全国学校案内

＊講座のお問合せ，受講相談は最寄りのLEC各校

LEC本校

北海道・東北

札　幌本校　☎011(210)5002
〒060-0004 北海道札幌市中央区北4条西5-1　アスティ45ビル

仙　台本校　☎022(380)7001
〒980-0022 宮城県仙台市青葉区五橋1-1-10　第二河北ビル

関東

渋谷駅前本校　☎03(3464)5001
〒150-0043 東京都渋谷区道玄坂2-6-17　渋東シネタワー

池　袋本校　☎03(3984)5001
〒171-0022 東京都豊島区南池袋1-25-11　第15野萩ビル

水道橋本校　☎03(3265)5001
〒101-0061 東京都千代田区神田三崎町2-2-15　Daiwa三崎町ビル

新宿エルタワー本校　☎03(5325)6001
〒163-1518 東京都新宿区西新宿1-6-1　新宿エルタワー

早稲田本校　☎03(5155)5501
〒162-0045 東京都新宿区馬場下町62　三朝庵ビル

中　野本校　☎03(5913)6005
〒164-0001 東京都中野区中野4-11-10　アーバンネット中野ビル

立　川本校　☎042(524)5001
〒190-0012 東京都立川市曙町1-14-13　立川MKビル

町　田本校　☎042(709)0581
〒194-0013 東京都町田市原町田4-5-8　MIキューブ町田イースト

横　浜本校　☎045(311)5001
〒220-0004 神奈川県横浜市西区北幸2-4-3　北幸GM21ビル

千　葉本校　☎043(222)5009
〒260-0015 千葉県千葉市中央区富士見2-3-1　塚本大千葉ビル

大　宮本校　☎048(740)5501
〒330-0802 埼玉県さいたま市大宮区宮町1-24　大宮GSビル

東海

名古屋駅前本校　☎052(586)5001
〒450-0002 愛知県名古屋市中村区名駅4-6-23　第三堀内ビル

静　岡本校　☎054(255)5001
〒420-0857 静岡県静岡市葵区御幸町3-21　ペガサート

北陸

富　山本校　☎076(443)5810
〒930-0002 富山県富山市新富町2-4-25　カーニープレイス富山

関西

梅田駅前本校　☎06(6374)500
〒530-0013 大阪府大阪市北区茶屋町1-27　ABC-MART梅田ビ

難波駅前本校　☎06(6646)691
〒556－0017 大阪府大阪市浪速区湊町1-4-1
大阪シティエアターミナルビル

京都駅前本校　☎075(353)953
〒600-8216 京都府京都市下京区東洞院通七条下ル2丁目
東塩小路町680-2　木村食品ビル

四条烏丸本校　☎075(353)253
〒600-8413　京都府京都市下京区烏丸通仏光寺下ル
大政所町680-1　第八長谷ビル

神　戸本校　☎078(325)051
〒650-0021 兵庫県神戸市中央区三宮町1-1-2　三宮セントラルビ

中国・四国

岡　山本校　☎086(227)500
〒700-0901 岡山県岡山市北区本町10-22　本町ビル

広　島本校　☎082(511)700
〒730-0011 広島県広島市中区基町11-13　合人社広島紙屋町アネク

山　口本校　☎083(921)891
〒753-0814 山口県山口市吉敷下東 3-4-7　リアライズⅢ

高　松本校　☎087(851)34
〒760-0023 香川県高松市寿町2-4-20　高松センタービル

松　山本校　☎089(961)13
〒790-0003 愛媛県松山市三番町7-13-13　ミツネビルディング

九州・沖縄

福　岡本校　☎092(715)500
〒810-0001 福岡県福岡市中央区天神4-4-11　天神ショッパー
福岡

那　覇本校　☎098(867)500
〒902-0067 沖縄県那覇市安里2-9-10　丸姫産業第2ビル

EYE関西

EYE 大阪本校　☎06(7222)36
〒530-0013　大阪府大阪市北区茶屋町1-27　ABC-MART梅田ビ

EYE 京都本校　☎075(353)25
〒600-8413　京都府京都市下京区烏丸通仏光寺下ル
大政所町680-1　第八長谷ビル

LEC提携校

＊提携校はLECとは別の経営母体が運営をしております。
＊提携校は実施講座およびサービスにおいてLECと異なる部分がございます。

北海道・東北

戸中央校【提携校】 ☎0178(47)5011
31-0035 青森県八戸市寺横町13 第1朋友ビル 新教育センター内

前校【提携校】 ☎0172(55)8831
36-8093 青森県弘前市城東中央1-5-2
なびの森 弘前城東予備校内

田校【提携校】 ☎018(863)9341
10-0964 秋田県秋田市八橋鯲沼町1-60
式会社アキタシステムマネジメント内

関東

戸校【提携校】 ☎029(297)6611
10-0912 茨城県水戸市見川2-3092-3

沢校【提携校】 ☎050(6865)6996
59-0037 埼玉県所沢市くすのき台3-18-4 所沢K・Sビル
同会社LPエデュケーション内

京駅八重洲口校【提携校】 ☎03(3527)9304
03-0027 東京都中央区日本橋3-7-7 日本橋アーバンビル
ランデスク内

本橋校【提携校】 ☎03(6661)1188
03-0025 東京都中央区日本橋茅場町2-5-6 日本橋大江戸ビル
式会社大江戸コンサルタント内

東海

津校【提携校】 ☎055(928)4621
10-0048 静岡県沼津市新宿町3-15 萩原ビル
netパソコンスクール沼津校内

北陸

潟校【提携校】 ☎025(240)7781
50-0901 新潟県新潟市中央区弁天3-2-20 弁天501ビル
式会社大江戸コンサルタント内

沢校【提携校】 ☎076(237)3925
20-8217 石川県金沢市近岡町845-1 株式会社アイ・アイ・ピー金沢内

井南校【提携校】 ☎0776(35)8230
8-8114 福井県福井市羽水2-701 株式会社ヒューマン・デザイン内

関西

歌山駅前校【提携校】 ☎073(402)2888
40-8342 和歌山県和歌山市友田町2-145
教育センタービル 株式会社KEGキャリア・アカデミー内

中国・四国

松江殿町校【提携校】 ☎0852(31)1661
〒690-0887 島根県松江市殿町517 アルファステイツ殿町
山路イングリッシュスクール内

岩国駅前校【提携校】 ☎0827(23)7424
〒740-0018 山口県岩国市麻里布町1-3-3 岡村ビル 英光学院内

新居浜駅前校【提携校】 ☎0897(32)5356
〒792-0812 愛媛県新居浜市坂井町2-3-8 パルティフジ新居浜駅前店内

九州・沖縄

佐世保駅前校【提携校】 ☎0956(22)8623
〒857-0862 長崎県佐世保市白南風町5-15 智翔館内

日野校【提携校】 ☎0956(48)2239
〒858-0925 長崎県佐世保市椎木町336-1 智翔館日野校内

長崎駅前校【提携校】 ☎095(895)5917
〒850-0057 長崎県長崎市大黒町10-10 KoKoRoビル
minatoコワーキングスペース内

高原校【提携校】 ☎098(989)8009
〒904-2163 沖縄県沖縄市大里2-24-1
有限会社スキップヒューマンワーク内

※上記は2024年5月1日現在のものです。

書籍の訂正情報について

このたびは，弊社発行書籍をご購入いただき，誠にありがとうございます。
万が一誤りの箇所がございましたら，以下の方法にてご確認ください。

1 訂正情報の確認方法

書籍発行後に判明した訂正情報を順次掲載しております。
下記Webサイトよりご確認ください。

www.lec-jp.com/system/correct/

2 ご連絡方法

上記Webサイトに訂正情報の掲載がない場合は，下記Webサイトの入力フォームよりご連絡ください。

lec.jp/system/soudan/web.html

フォームのご入力にあたりましては，「Web教材・サービスのご利用について」の最下部の「ご質問内容」に下記事項をご記載ください。

- 対象書籍名（○○年版，第○版の記載がある書籍は併せてご記載ください）
- ご指摘箇所（具体的にページ数と内容の記載をお願いいたします）

ご連絡期限は，次の改訂版の発行日までとさせていただきます。
また，改訂版を発行しない書籍は，販売終了日までとさせていただきます。

※上記「2ご連絡方法」のフォームをご利用になれない場合は，①書籍名，②発行年月日，③ご指摘箇所，を記載の上，郵送にて下記送付先にご送付ください。確認した上で，内容理解の妨げとなる誤りについては，訂正情報として掲載させていただきます。なお，郵送でご連絡いただいた場合は個別に返信しておりません。

送付先：〒164-0001 東京都中野区中野4-11-10 アーバンネット中野ビル
株式会社東京リーガルマインド 出版部 訂正情報係

- 誤りの箇所のご連絡以外の書籍の内容に関する質問は受け付けておりません。
また，書籍の内容に関する解説，受験指導等は一切行っておりませんので，あらかじめご了承ください。
- お電話でのお問合せは受け付けておりません。

講座・資料のお問合せ・お申込み

LECコールセンター 携帯OK 0570-064-464

受付時間：平日9:30～20:00/土・祝10:00～19:00/日10:00～18:00

※このナビダイヤルの通話料はお客様のご負担となります。

※このナビダイヤルは講座のお申込みや資料のご請求に関するお問合せ専用ですので，書籍の正誤に関するご質問をいただいた場合，上記「2ご連絡方法」のフォームをご案内させていただきます。